청소년을 위한 외교광장

청소년을 위한
외교광장

외교는 나라를 어떻게 바꾸는가

남기정 · 윤은주 · 김준형 · 김지은 · 민경태

차례

5장 미래의 외교 · 민경태 ━━━━━━━━━━━━━━━

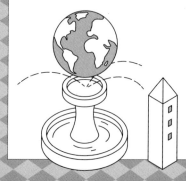

머리말

이 책을 선택했다는 것은, 오늘날 외교가 얼마나 중요한지 알고 있기 때문일 것입니다. 맞습니다! 외교는 한 나라의 운명을 통째로 바꿀 수 있습니다. 외교를 잘하면 전쟁의 위험에서 벗어날 뿐만 아니라, 부강한 나라를 만들 수 있고, 세계 속에서 그 위상을 떨칠 수 있습니다. 반대로 외교를 잘못하면 경제적으로 타격을 입고, 전쟁의 비극이 닥칠 수도 있으며, 심하면 하루아침에 나라를 빼앗길 수도 있습니다.

2022년 2월 러시아의 우크라이나 침공도 외교의 실패라고 볼 수 있습니다. 예로부터 어떤 이들은 전쟁을 외교의 한 수단으로 바라보기도 하지만, 저는 외교의 본질은 전쟁을 방지하고, 평화를 유지하는 데 있다고 믿습니다.

대한민국의 외교가 발전하기를 소망하면서 집필한 『청소년을 위한 외교광장』은 다섯 개의 장으로 구성되어 있습니다.

1장은 '국가에게 외교가 어떤 의미인가'를 다루고 있습니다. 외교와 관련한 정의와 개념은 물론이고, 외교의 다양한 모습을 살펴보며 첫머리를 여는 장입니다. 역사적 산물로서의 외교와 유럽에서 외교가 어떻게 시작되었는지 알아보고, 세계대전 이후 외교의 발자취도 소개합니다.

2장에서는 '국민에게 외교란 무엇인가'라는 문제를 다룹니다. 원래 외교란 전통적으로 정부와 정부 사이에서 일어나는 일들을 말합니다. 그러나 최근에는 국가와 정부를 넘어서, 상대국 국민에게도 호감을 주는 일이 중요해졌습니다. 이를테면 한류의 인기로 다른 나라 국민이 한국에 호감을 느끼면서, 우리나라의 외교에도 큰 도움이 되고 있습니다. 이처럼 한 국가의 외교가 다른 나라의 정부를 넘어서 민간으로 넓어지는 '공공외교'와 민간 외교관의 역할을 설명하고 있습니다.

3장에서는 우리나라 외교의 과거와 현재를 알아

봅니다. 한반도는 강대국들 사이에 위치해서 '저주받은 땅'으로 불리기도 했습니다. 이러한 사실은 역사적으로 생생하게 기록되어 있습니다. 특히 삼면이 바다로 둘러싸인 한반도는, 대륙과 해양의 강대국들이 침략 전쟁을 벌일 때 중간에서 희생당하는 일이 자주 있었습니다. 탁월한 외교를 통해 그러한 위기를 극복한 대표적인 사례들을 소개합니다.

4장에서는 세계의 외교를 살펴봅니다. 오늘날 국제질서에서 핵심적인 비중을 차지하고 있는 미국과 중국의 갈등 상황을 살펴보고, 그 속에서 치열하게 벌어지고 있는 '편 가르기'에 대해서 알아봅니다. 두 나라 모두 자기편을 모으려고 다양한 기구나 조직을 만들어 참여국을 늘리려고 애쓰고 있습니다. 이러한 상황에서 한쪽에만 참여하는 '줄서기 외교'나, 미국과 중국 사이에서 '줄타기 외교'를 하는 나라들도 있습니다. 특히 인도와 베트남의 줄타기 외교에 대해서 알려주면서 '한국은 과연 어떤 외교를 선택해야 할 것인가'라는 중요한 질문을 던지고 있습니다.

마지막 5장에서는 미래의 외교를 전망해 봅니다.

어떤 국제정치학자들은 미래에는 국가가 없어지고, 그래서 전쟁도 자연스럽게 사라질 것이라고 주장합니다. 전쟁이 없어지면, 전쟁을 막기 위한 수단인 외교도 필요 없다는 뜻에서 그렇게 말하는 것이겠지요. 그런데 국가가 없어지는 것에 대해서는 논란이 많습니다. 국가의 후퇴 또는 소멸은 세계화가 한창일 때는 어느 정도 설득력이 있었지만, 오늘날 세계화가 점점 약해지고 러시아-우크라이나 전쟁이 일어난 것을 보면, 국가가 곧 사라질 것이라고 성급하게 결론을 내려서는 안 될 것입니다. 미래에 나타날 수 있는 다양한 외교의 모습을 알아봄으로써 우리나라의 앞날에 대해 함께 고민하자고 제안하면서 마무리합니다.

　　『청소년을 위한 외교광장』은 신생 민간 연구소인 '사단법인 외교광장'이 만든 첫 단행본입니다. 외교에 관한 중요한 주제들을 전문적인 지식이 없어도 쉽게 이해할 수 있도록 집필했습니다. 독자 여러분과도 출간의 기쁨을 나누며 감사함을 전하고 싶습니다. 그리고 리마인드 출판사의 김상기 대표님께도 감사드립니다.

이 책은 연구소에서 함께 활동하는 연구자들이 참여했기에 연구소와 같은 제목을 달았습니다. 우리 연구소는 대한민국의 진정한 발전과 국민의 행복을 위해 의무를 다하며, 세계의 안정과 평화를 위해 공헌하려는 사람들이 모였습니다. 외교광장이라는 이름에 걸맞게 개방성과 다양성을 중요하게 생각하며, 국내외 전문가들을 연결하려고 합니다. 그리고 가능하다면 정부의 외교 정책과 실행에 적극적으로 의견을 제시하고, 차세대 전문가를 발굴하기 위해 노력할 것입니다. 그래서 우리의 구호가 다음과 같습니다.

"국가는 외교를 만들고, 외교는 국가를 만든다. 사람은 광장을 열고, 광장은 사람을 연다."

독자 여러분도 함께 가기를 바랍니다.

외교광장 이사장

김준형

1장
국가와 외교

남기정

글 **남기정**

고등학교 시절 폭력이 난무하는 교련 수업에 대한 반발로, 전쟁과 평화에 관심을 갖게 되어 서울대학교 외교학과에 진학했다. 대학원에서는 미국의 동아시아 정책에 관심을 두고 공부했다. 일본 도쿄대학교에서 한국전쟁 시기 일본의 변화를 추적하는 내용으로 박사학위를 받았다. 일본 도호쿠대학교 법학부, 국민대학교 국제학부 등을 거쳐, 2009년부터 서울대학교 일본연구소 교수로 재직하고 있다. 현재는 '사단법인 외교광장'의 부이사장이다. 한반도에서 전쟁을 극복하고 평화를 이루기 위해서는 남·북, 한·일, 북·일 사이에서 화해가 동시에 진행되어야 한다고 믿고 있다. 주요 저서로는 『난감한 이웃 일본을 이해하는 여섯 가지 시선』『기지국가의 탄생: 일본이 치른 한국전쟁』등이 있다.

외교가 왜
중요할까요?

우리는 지금 외교의 실패가 얼마나 끔찍한 결과를 가져오는지, 우크라이나의 현실을 통해 목격하고 있습니다. 외교로 한 국가가 크게 일어서기도 하고, 순식간에 기울어지기도 합니다. 국가의 미래에 있어서 외교는 매우 중요한 역할을 담당합니다.

우리나라의 역사를 돌이켜 보아도, 외교의 실패로 나라를 잃기도 했고, 전쟁이 벌어지기도 했습니다. 현재 우리나라는 강대국들 사이에서 분단의 아픔을 견디고 통일을 이루는 것을 목표로 삼고 있습니다. 오래전부터 강대국들은 서로의 이익을 위해 충돌해 왔고, 지금은 세계의 패권을 두고 미국과 중국을 중심으로 충돌이 발생하고 있습니다. 우리나라는 지리적으로 미국과 중국 사이에 끼어 있어서 '외교적 선택'으로 나라의 운명이 언제든지 바뀔 수 있습니다.

그래서 외교에 대한 국민의 관심과 질책이 그 어느 때보다도 커지고 있습니다. 국민의 목소리가 커지는 배경에는, 우리나라의 국제적인 위상이 높아지고 다양한 외교 무대를 경험하면서, 외교의 효과와 가치를 다들 인식하고 있기 때문입니다. 또한 강대국에 기대지 않고 우리나라의 힘만으로 주체적인 결정을 할 수 있으리라는 기대감도 한몫하고 있습니다.

한 국가가 국제질서에서 차지하는 위치와 외교적인 선택은, 국가의 운명뿐만 아니라 개개인의 일상도 알게 모르게 규정합니다. 한반도는 분단으로 인해 전쟁의 위험이 세계 어느 곳보다도 큰 지역이기에, 외교의 실패가 바로 전쟁을 의미하는 것임을 우리 모두 너무나 잘 알고 있습니다.

이제 국가에게 외교란 무엇인지 본격적으로 탐구
해 보겠습니다.

외교는 어떤 의미를 ───
지닐까요? ───────

외교란 무엇일까요? 먼저 사전적 의미를 알아보겠습니다. 『표준국어대사전』에 따르면, 외교란 "다른 나라와 정치적, 경제적, 문화적 관계를 맺는 일"입니다. 그리고 "외부와의 교제나 교섭"이라고도 설명하고 있습니다.

우리나라 최초의 국제정치학 교과서라고 할 수 있는 이용희의 『국제정치원론』에서는 외교를 "근대주권 국가 사이의 관계를 평화적으로 조절하는 것"이라고 설명하고 있습니다. 이 경우 외교는 "정책의 시행 또는 국가목적 달성의 방편"을 의미합니다. 한편 외교는 국가와 국가 사이에서 합의된 제도이기도 해서, 소통을 위한 공식 통로나 이를 위한 기구로 이해되기도 합니다.

우리말의 외교는 영어로 diplomacy에 해당하는 말입니다. 그렇다면 영어에서는 외교가 어떤 의미를 지니는 말일까요? 『옥스퍼드 외교 핸드북』에 따르면, 외교는 "평화적 수단을 사용하여, 일반적으로는 정부 간에, 또는 국가와 기타 국제적인 행위자들 사이에서 관계를 맺는 것"을 의미합니다. 그리고 대표적인 국제정치학 교과서인 『세계정치론』은 외교를 "전쟁 없이 협상을 통해 대립을 해결하려는 국제적인 행위자들 사이의 의사소통 과정"이라고 설명하고 있습니다.

사전적 의미를 벗어나 국제 무대에서 직접 활약한 사람은 외교를 어떻게 설명했을까요? 1937년에 노벨 평화상을 수상한 영국의 외교관 로버트 세실은 외교를 "폭풍을 만났을 때 피난처를 찾아가는 양(羊)처럼, 철저하게 흐름을 타는 것"이라고 비유했습니다. 이는 외교의 목적에 집중한 설명인데, 외교는 결국 전쟁을 회피하기 위한 계산과 기술이라는 것입니다.

요컨대 외교는 갈등을 평화적으로 해결하는 것이 특징이며, 한 국가가 대외적으로 추구하는 목적을 달성하기 위해 동원되는 평화적 수단이라고 할 수 있습니다. 이러한 점에서 외교는 전쟁과 구별됩니다.

이처럼 외교는 이해관계가 일치하는 곳에서는 타협을 끌어내고, 이해관계가 다른 곳에서는 차이를 조율하는 역할을 합니다. 특히 외교는 상반된 이해관계 속에서 합의점과 공통점을 찾는 기술이며, 그것이 성공할 때 아름다운 예술 작품처럼 빛을 발합니다. 예를 들어 한국이 북한과 통일을 합의하고, 국제사회가 이를 환영하는 순간을 상상해 보기 바랍니다. 한국의 외교가 예술이 되는 순간일 것입니다.

마키아벨리로부터
시작된 외교

       평화적 수단이라는 외교가 왜 이토록 다양한 의미를 지니고, 여러 분야에서 사용되고 있는 걸까요? 왜냐하면 외교라는 말은 긴 역사 속에서 형성된 말이며, 지역적으로 서로 다른 환경에서 사용되어 왔기 때문입니다. 지금 우리는 15세기에 유럽에서 형성된 diplomacy가 전 세계로 퍼져 일반화된 시대를 살고 있습니다. 그래서 이에 대해서 알아볼 필요가 있습니다.

외교는 유럽에서 르네상스 시기부터 주목받고 제도화하기 시작했습니다. 이는 외국에서 살면서 근무하는 상주대사가 탄생했던 것과 밀접한 관계를 맺습니다. 갈등이 있을 때마다 전쟁으로 문제를 해결하던 국가들 사이에서 교섭으로 분쟁을 해결하려는 움직임이 일어났고, 상대국에 상주대사를 파견하여 이를 중심으로 교섭이 이뤄졌던 것입니다. 이탈리아반도의 밀라노 공국, 피렌체 공화국, 베네치아 공화국 등에서 정착되었던 상주대사 제도는 이후 유럽 대륙으로 퍼져나갔습니다.

여러분도 니콜로 마키아벨리라는 이름을 한 번씩 들어봤을 겁니다. 일반적으로 권모술수의 사상가로 잘 알려져 있습니다만, 마키아벨리는 국제정치와 외교의 발전에서 매우 중요한 역할을 했던 사람입니다. 그가 피렌체 공화국의 젊은 외교관으로서 외국과의 교섭을 담당하게 된 것은, 프랑스의 국왕 샤를 8세가 이탈리아로 침략을 개시한 지 4년이 되던 해였습니다. 이후 마키아벨리는 프랑스와 교섭했던 경험을 통해 피렌체 공화국의 한계와 가능성을 너무나도 잘 이해하게 되었습니다.

그는 피렌체 공화국의 운명이 외국과의 협상에 달려 있다는 것을 깨달았습니다. 또한 외국과의 교섭을 유리하게 전개하기 위해서는 군사력이 뒷받침되어야 한다고 믿었습니다. 마키아벨리가 보기에 외교는 군사력이 갖춰질 때까지 임시방편에 불과한 것이었지만, 다르게 생각하면 군사력에서 뒤처지는 나라일수록 외교가 가장 중요하다고 볼 수 있습니다.

마키아벨리가 이러한 경험을 바탕으로 저술한 『군주론』은 오늘날 외교와 국제정치를 이해하는 데 가장 중요한 도서 가운데 하나가 되었습니다. 그리고 마키아벨리는 '국가이성'이라는 개념으로 이해되는 국가의 행동원리를 처음으로 설명한 사람이기도 합니다. 국가이성이란 국가도 사람처럼 스스로 생존하여 번성하는 것을 최고의 목적으로 삼고, 다른 모든 것들은 오직 이를 실현하기 위해 존재한다는 생각입니다.

이처럼 마키아벨리는 국가가 추구할 것으로 고매한 이상보다는 냉철한 손익 계산을 중시했습니다. 국가가 갖춰야 할 덕목은 감성이 아니라 이성이어야 한다는 것입니다.

비밀로 가득한
구외교의 시대

       유럽에서 외교가 제도화하는 과정에서 마키아벨리 다음으로 주목할 사람이 프랑스의 추기경이자 재상인 리슐리외입니다. 그는 외교의 가치를 이해하고, 국가이성에 기반한 외교로 프랑스를 강대국의 반열에 올려놓은 사람입니다.

       17세기 초의 프랑스는 강력한 스페인과 합스부르크 제국에 포위되어 군사력과 경제력이 취약한 상태였습니다. 리슐리외는 프랑스를 위기로부터 구하기 위해

외교를 적극적으로 활용했습니다. 마키아벨리가 발명한 국가이성을 유럽에 보급한 것이 리슐리외였습니다.

리슐리외는 국가이성에 따른 외교를 전개하기 위해 외교의 일관성을 중시했습니다. 이를 위한 전담 기구로 외교부가 만들어졌으며, 외교가 일반적인 국내 정치와 달리 전문성을 가져야 한다는 점에 착안하여 여러 제도를 마련했습니다. 리슐리외는 외부의 위협으로부터 국가가 살아남아 힘을 키우기 위해 외교가 중요하다는 사실을 처음으로 제대로 이해하고 실천했던 사람입니다.

리슐리외가 외교를 제도화한 이후에 유럽에서 가톨릭과 개신교의 종교 분쟁으로 시작된 '30년 전쟁'이 끝나고 1648년에 맺어진 '베스트팔렌 조약'을 계기로 주권 국가들로 구성되는 국제질서가 탄생했습니다. 주권 국가는 대체로 한 민족을 단위로 형성되었기에 민족 국가 또는 국민 국가라고도 부릅니다.

근대 국제질서는 하나의 민족을 단위로, 최고의 주권과 권위를 지닌 국가를 전제로 한 것입니다. 그래서 주권 국가보다 더 높은 권위가 존재하지 않기에, 각

국가는 생존을 최고의 가치로 추구하게 되었습니다. 다시 강조하지만, 이를 국가이성이라고 불렀습니다. 국가이성을 전쟁이 아닌 방법으로 실현하는 것이 외교라고 할 수 있습니다.

이 시기의 외교를 '구외교'라고 구분하는데, 구외교는 1814년에 열린 '빈 회의'에서 절정을 이루었습니다. 빈 회의는 프랑스와 유럽 국가들 사이에서 벌어진 '나폴레옹 전쟁'이 끝나고 유럽의 전후 질서를 모색하기 위해 오스트리아가 영국, 러시아, 프로이센의 대표를 불러 개최한 회의였습니다. 빈 회의는 춤추는 회의라고 불리기도 하는데, 각국 대표들은 회의가 난항에 빠질 때마다 파티를 열고, 와인을 마시며 춤을 추었기 때문입니다. 이후 분쟁이 있을 때마다 각국 대표가 한자리에 모여 회의를 열어 문제를 조율하는 형태가 일반화되었습니다.

그러나 회의 외교 방식은 점차 한계가 드러났는데, 회의에서 합의한 내용과 실제 진행되는 내용이 어긋나기 시작했기 때문입니다. 이 시대는 각 나라가 비밀외교를 통해 복잡한 동맹 관계를 맺고, 상대방을 얼마나 우아하게 속이는가를 두고 외교의 능력을 겨루었습니다. 결국 이러한 문제점이 쌓여서 제1차 세계대전이라는 비극으로 이어졌습니다.

1914년부터 1918년까지 이어진 제1차 세계대전의 참혹한 결과 앞에서 국제사회는 국가 간 분쟁을 해결하는 방법에 대해 근본적인 변화의 필요성을 느끼게 되었습니다. 그때 아메리카 대륙과 유라시아 대륙에서 새로운 이념으로 새로운 시대를 이끌어가는 강대국이 등장했습니다. 바로 미국과 소련입니다.

미국의 신외교와 냉전

1917년 '러시아 혁명'으로 소련이 등장하면서 유럽은 기존의 질서를 교란하는 외부 국가에 맞서야만 했습니다. 이러한 상황에서 유럽의 질서를 재구축한 것이 미국이었습니다.

미국의 우드로 윌슨 대통령은 유럽을 중심으로 이루어지는 비밀외교를 바꾸고 싶어 했습니다. 윌슨 대통령은 제1차 세계대전의 끔찍한 결과를 바탕으로 민주적으로 관리되는 외교(민주적 외교), 집단적인 공개

토론(공개 외교)을 통해 조율하는 방법을 외교에 도입했습니다. 이러한 '신외교'를 유럽에서 받아들이는 배경에는 소련에 대한 공포심도 있었습니다.

이후 윌슨 대통령은 '국제연맹'이라는 새로운 체제를 만들었습니다. 국제연맹은 집단안보 원칙을 채택한 인류 최초의 시도였습니다. 세르비아의 민족주의자가 오스트리아 황태자를 저격한 사건이 제1차 세계대전으로 발전한 이유는, 비밀외교로 추진된 복잡한 동맹 구조가 원인이었습니다. 전쟁이 벌어지자 거의 모든 국가가 전쟁에 뛰어들어야만 했던 것입니다. 작은 다툼이 큰 싸움으로 번지는 것을 막기 위해, 국제연맹에서 다 함께 문제를 풀어보려고 했던 것입니다.

그러나 국제연맹은 여전히 강대국을 중심으로 흘러갈 수밖에 없었고, 특히 미국과 영국 등 앵글로색슨 국가들이 주도하는 국제연맹의 질서에 독일과 이탈리아, 일본이 점점 불만을 드러냈습니다. 이러한 질서를 바꾸기 위해 벌어진 것이 제2차 세계대전이었습니다.

제2차 세계대전이라는 또 한 번의 비극을 경험하고 나서야 현실적인 외교를 다루는 국제정치학이 탄생했습니다. 국제정치학의 권위자인 한스 모겐소는 1948년에 출간한 『국가 간의 정치』에서 국력을 결정하는 가장 중요한 요소가 외교이며, 외교를 통해 해결책을 찾는 것이 전쟁을 피하는 가장 좋은 방법이라고 주장했습니다. 모겐소는 외교의 붕괴가 제2차 세계대전을 낳았다고 판단하고, 외교의 재건을 위해 국제정치를 과학적으로 이해하려고 했습니다.

미국과 소련이 이념에 사로잡혀 외교를 무시하고 있는 상황에서, 모겐소는 외교의 부활을 주장했습니다. 그는 두 초강대국이 외교의 광장으로 나와서 오로지 협상을 통해 문제를 해결하기를 바랐습니다. 모겐소는 외교의 부활만이 인류의 위기를 회피할 방법이라고 믿었던 것입니다.

1991년 소련의 붕괴로 냉전이 끝나면서, 외교의 시대도 막을 내리고 전 지구적으로 연결되는 시대를 맞이할 것처럼 보였습니다. 국가의 경계가 사라지고, 국제기구나 비정부기구NGO가 지구적 규모의 안보에 대응하리라 전망했습니다. 하지만 30여 년이 지난 지금 세계 각국은 다시 각자도생의 길을 선택했습니다. 외교의 시대가 다시 돌아오고 있지만, 러시아-우크라이나 전쟁 이후로 오히려 외교가 사라지고 있습니다.

현재 강대국들이 가치와 이념을 바탕으로 다시 한 번 편을 가르고 있는 상황에서 모겐소의 주장은 새로운 의미로 다가옵니다. 모겐소는 전쟁의 위기 앞에서 전쟁을 회피하고, 이미 발발한 전쟁을 끝내고 평화를 되찾는 노력으로 외교를 강조했습니다. 그러한 외교가 성공하기 위해 냉철하게 상황을 판단하는 능력이 필요한 시점입니다.

여우의 지혜와
고슴도치의 바늘

       고대 그리스의 시인 아르킬로코스는 이런 말을 남겼습니다.

"여우는 많은 것을 알지만, 고슴도치는 큰 것 하나를 안다."

여우가 지혜를 짜내서 고슴도치를 공격하더라도 확실한 방어 수단을 가진 고슴도치가 이긴다는 말로 이해되지만, 세상일은 그렇게 단순하게 흘러가지 않습니다.

국가의 외교 방식에 따라서 '고슴도치형 국가'와 '여우형 국가'로 나눌 수 있는데, 가령 북한은 고슴도치형 국가에 가깝고, 북한과 비교해서 한국은 여우형 국가에 가깝다고 할 수 있습니다. 그러나 국가는 역할을 고정하지 않고 상황에 따라서 고슴도치형 국가나 여우형 국가처럼 외교를 할 수 있습니다. 현실적으로 고슴도치형이나 여우형 어느 한쪽만으로는 급변하는 국제 질서에 대처할 수 없기 때문입니다. 그리고 이는 외교의 바람직한 모습이기도 합니다.

고슴도치처럼 바늘을 세우고 웅크리는 것은 외부의 공격에 대응하기에는 좋은 방법이지만, 먹이를 찾아 나서는 데는 아무런 도움이 되지 않습니다. 방어만 하다가는 이익을 놓칠 수도 있기에, 여러 지혜를 짜내서 적극적으로 움직여야 할 때도 있습니다.

그에 반해 여우는 방어 수단이 없어서 살아남으려면, 주변의 조건에 맞춰 여러 대응 수단이 필요합니다. 여우는 상황이 불리하더라도 다양한 방법으로 먹이를 자기 것으로 만들 줄 압니다. 외교에선 균형이 중요합니다. 균형을 잡을 줄 알면 어떤 상황에서도 유연하게 대처하여 이익을 최대화하거나 피해를 최소화할 수 있습니다.

모든 국가는 자기 나라의 이익을 최우선으로 추구하지만, 이러한 행위를 가치로 포장하여 정당화합니다. 우리는 한 국가가 올바른 가치를 위해 벌이는 일들이 실제로는 경쟁자를 물리치고 이익을 선점하는 행위였다는 사실을 목격하기도 합니다. 그런 의미에서 외교는 '위선의 기술'이라고도 할 수 있습니다.

외교의 성패는 한 국가가 가치와 이익을 양자택일의 문제로 보는 것에서 벗어나, 그 사이에서 적절하게 균형을 추구하는 유연성에 달려 있다고 할 수 있습니다. 다른 나라에 가치를 강제할 수 있거나, 당장 이익을 실현하지 않아도 견딜 수 있는 강대국이 아니라면, 한 국가의 외교에서 유연성은 꼭 필요한 요소라고 할 수 있습니다.

강대국과 약소국 사이에서

우리가 살고 있는 사회는 다양한 문제로 인하여 개인 간 다툼이 벌어지기도 합니다. 이러한 문제는 대부분 법과 정치로 잘잘못을 따질 수 있습니다. 하지만 개인을 넘어서 국가 간 다툼이 벌어졌을 때는 다른 방식으로 처리해야 합니다. 왜냐하면 우리나라에서 통하는 법과 규범은 외국에서는 통하지 않기 때문입니다.

다른 나라와 협력해야 하거나 다툼이 생겼을 때

문제를 해결하기 위해서, 나라 안팎의 사정에 밝은 전문가가 나서야 합니다. 이런 일을 하는 사람이 바로 외교관입니다. 외교관은 외국어뿐만 아니라, 외국의 정치적 상황, 국제조약과 국제법 등에 능통해서 자국의 이익을 대변할 책임이 있습니다.

하지만 외교관이 상대 국가의 입장에서 일을 처리하는 경우를 가끔 보기도 합니다. 그런 경우 상대 국가의 편을 들어주는 외교관이 못마땅할 수도 있습니다. 반대로 우리 입장에서 일을 처리해 주는 상대 국가의 외교관에게는 고마운 마음이 들기도 합니다. 이러한 일은 국가 간 힘의 차이로 인하여 종종 일어납니다. 대개 강대국은 자기 뜻을 강요하기 쉽고, 약소국은 일방적으로 밀리기 쉽습니다.

그런데 무엇을 기준으로 강대국과 약소국을 구별할까요? 여러분은 '부국강병'이라는 말을 들어본 적이 있나요? 이 말은 먼저 부를 쌓아서 크고 강한 군대를 만들고, 크고 강한 군사력으로 더 큰 부를 쌓자는 뜻입니다. 여기에서 강대국과 약소국을 구별하는 가장 중요한 두 가지 기준이 있습니다. 하나는 '부'이고 다른 하나는 '군사력'입니다. 부의 크기를 따질 때는 흔히 국내총생산GDP이라는 경제 지표를 사용하고, 군사력에 대해서는 일반적으로 병력이나 무기의 숫자, 군사기술 수준 등을 종합적으로 판단한 순위가 있습니다.

이 두 가지는 국민이 평온한 삶을 유지하게 만들어 주는 동시에 나라 밖의 문제들에 대처하는 수단이기도 합니다. 강력한 군사력과 든든한 경제력을 갖고 있으면, 이를 적절히 조합해서 큰 힘을 발휘할 수 있습니다. 고슴도치의 바늘에 여우의 지혜를 조화시키는 것입니다. 국제정치학이 말하는 외교는 바로 이런 것입니다.

지금의 주권 국가 체제에서는 어떤 국가든 주권을 최고의 가치로 추구하기에 다른 나라가 자신의 주권에 간섭하는 행위를 용인할 수 없습니다. 그래서 앞에서 소개한 국제정치학의 대가 한스 모겐소는 힘의 논리만을 강조하지 않았습니다. 그는 합의를 통한 평화를 추구할 수밖에 없으며, 그 도구가 외교라고 주장했습니다.

모겐소는 외교의 수단으로 설득과 타협, 무력 등 세 가지를 꼽습니다. 그는 무력에만 의지하는 외교는 이성적이지 않고, 설득과 타협에만 의존하는 외교는 지적이지 않다고 하여, 세 가지를 적절하게 조합해야 한다고 강조했습니다. 예를 들어 군사력이 과시되어야 할 때 타협을 선택하거나, 정치적 상황이 설득과 타협을 요구하는데도 군사력만 강조하는 외교는 실패할 수 있다고 경고하고 있습니다.

마지막으로 모겐소는 가치와 이념만 맹목적으로 따지면 설득과 타협이 불가능하기에, 승리와 패배밖에 모르게 된다고 했습니다. 국가 간의 외교에서는 가치와 이념을 넘어서 현실적이고 합리적인 판단을 내릴 수 있어야 이익을 얻어낼 수 있습니다.

중견국
대한민국의 역할

　　　　　　　이제 대한민국의 외교에 대해서 한번
알아보겠습니다. 우리는 19세기 말 이래 근대 국제질서
에 적응하는 데 실패하면서, 일본의 식민지 지배, 한반
도 분단과 전쟁이라는 비극을 겪었습니다. 그 문제들은
아직도 제대로 해결되지 못하고 남아 있습니다. 우리
나라의 목표는 이러한 문제들을 제대로 풀어내서 전쟁
의 위협을 없애고, 분단을 극복하여 이웃 국가들과 함
께 번영을 이루는 것입니다.

대한민국은 국권 상실과 전쟁으로 오랫동안 약소국의 외교를 했습니다. 1992년에 출간된 『현대국제정치학』만 보더라도 약소국 외교 정책론이 포함되어 있었습니다. 그러나 현재 대한민국의 국제적 지위는 약소국을 벗어나 중견국에 진입했습니다.

　　1996년 경제협력개발기구OECD 가입부터 시작된 변화는, 2019년 일본을 앞서가는 지표가 나오면서 확인되었습니다. 그리고 코로나19로 어려운 상황에서도 2020년 한국의 국내총생산이 세계 10위권에 진입했으며, 2021년 유엔무역개발회의UNCTAD에서 대한민국은 세계 최초로 개발도상국에서 선진국으로 진입한 국가가 되었습니다. 그리고 바로 이어서 개최된 'G7 정상회의'에도 초청받아 코로나19 이후 세계질서의 한 축을 담당했습니다. 이제 대한민국은 국민소득 3만 불 이상, 인구 5,000만 이상의 조건을 갖춘 '30-50클럽' 국가로 누가 봐도 명실상부한 중견국입니다.

　　중견국은 내부 파열을 견디면서 외부 충격에도 부서지지 않는 적정 수준의 단단함을 갖춘 국가입니다. 국제정치의 중심을 차지하는 중견국은 군사적으로 강대국은 아니지만, 여우의 지혜와 고슴도치의 바늘을 조화롭게 운용하여 새로운 강대국으로 활약할 수 있습니다.

지금까지 외교를 주도해 온 국가들은 새로운 국제 질서를 모색하는 외교의 광장을 제공하면서, 이를 중심으로 관련 국가들과 협상해 왔습니다. 앞에서 소개한 마키아벨리의 피렌체 공화국과 리슐리외의 프랑스도 외교의 광장을 제공한 덕분에 위기를 극복하고 번성할 수 있었습니다.

광장은 사람과 정보, 상품이 모여들었다가 다시 퍼져나가는 자유롭고 투명한 열린 공간입니다. 그리고 동서남북으로 통하는 요충지이기도 합니다.

현재 미국과 중국의 패권 경쟁으로 이러한 광장이 사라지고 있습니다. 만약 대한민국이 전 세계에 외교의 광장을 제공한다면 어떤 미래가 펼쳐질까요? 중견국 대한민국이 국제 외교의 중심이 되는 것을 상상해 봅니다.

2장

국민과 외교

윤은주

글 **윤은주**

이화여자대학교에서 남북 관계 전공으로 북한학 박사학위를 받고, 평화와 통일 관련 시민운동에 주력하고 있다. 2010년에 설립한 '사단법인 뉴코리아' 대표로서, 국내외 시민단체들과 협력하면서 정책 제언과 모니터링을 통한 민관 협력에도 힘쓰고 있다. 사단법인 뉴코리아는 중국, 러시아, 일본 등지에서 코리안 디아스포라와 함께 활동해 왔다. 최근에는 미국 하원에서 발의된 '한반도 평화 법안'의 채택을 위해 활약하는 미주민주참여포럼과 함께 공공외교를 펼치고 있다. 한반도 평화 프로세스를 추진하는 과정에서 시민사회의 역할을 규명하고, 나아가 전 세계 시민사회와 평화를 위해 협력함을 소명으로 삼고 있다.

민간인도 외교를 할 수 있을까요?

        우리나라 외교부는 외교를 "국가의 이익을 위해 평화적인 방법으로 외국과의 관계를 유지하고 발전시켜 나가는 모든 활동을 의미"한다고 정의하고 있습니다. 외교는 국가가 다른 국가와 관계를 맺는 활동 전반을 어우른다고도 할 수 있습니다. 국가를 대표하는 정부가 국가의 이익을 위하여 책임 있는 주체로서 행동하는 것이 외교의 기본입니다. 그렇다면 정부가 아니라 민간은 외교에 있어서 어떤 역할을 할 수 있을까요? 또한 외교에서 일반 국민의 역할이 더욱 중요해지는 이유는 무엇일까요?

외교 무대에서 민간이 주목받기 시작한 것은 정치와 군사력을 바탕으로 한 관계보다, 경제와 문화를 통한 교류가 중요해졌기 때문입니다.

제2차 세계대전이 끝난 후 1980년대까지 미국의 '자본주의' 진영과 소련의 '사회주의' 진영으로 국제질서가 양분되면서, 이념을 중심으로 치열한 체제 경쟁이 벌어졌습니다. 이 시기에는 국가 간 이동이 자유롭지 못하고 정보도 제한되어 있어서 민간이 외교에 참여할 기회가 많지 않았습니다.

그러나 1991년 소련이 붕괴하고, 사회주의와 자본주의 국가 간 긴장이 느슨해지면서 사람들의 이동이 자유로워졌고, 헝가리, 폴란드, 체코슬로바키아 등 동유럽의 사회주의 국가들은 자본주의 국가들과도 국교를 맺기 시작했습니다. 이처럼 이념의 장벽이 무너지고 세계가 하나로 연결되기 시작하면서 민간의 외교 참여도 그만큼 많아졌습니다.

그리고 전 세계 사람들과 온라인으로 소통하는 환

경이 마련되면서 상대국 국민을 향한 '공공외교'가 새로운 차원에서 조명되기 시작했습니다.

민간인이 참여하는
공공외교란
무엇일까요?

공공외교는 국제사회가 점점 더 개방되고, 연결되는 추세에 맞춰 다시금 등장했습니다. 예전에는 공공외교가 일방적으로 자국의 체제를 선전하거나 상대국의 체제를 비판하기 위해 이루어졌지만, 이제는 온라인 시대에 걸맞게 일방적인 정보 전달로 그치지 않고, 상대국 국민의 마음을 움직여서 자발적인 동의와 참여를 끌어내는 것을 목표로 합니다.

과거의 외교는 군사력과 경제력 같은 '하드 파워'

가 중시되었다면, 지금은 기술과 정보, 지식과 문화와 같은 '소프트 파워'가 중요해졌습니다. 국제사회에서 힘의 성격이 달라진 것입니다. 또한 상대국 정부만이 아니라, 국민 전체가 우호적인 마음을 갖도록 하기 위해서는 이전과 다른 접근법이 필요해졌습니다. 물론 하드 파워 없는 소프트 파워나, 소프트 파워 없는 하드 파워만으로는 충분하지 않습니다. 두 가지 힘을 잘 조합하여 자신이 원하는 바를 상대방이 원하도록 만들 필요가 있습니다. 이를 '스마트 파워'라고 합니다.

더불어 사람 대 사람으로 이어지는 '피플 파워' 역시 중요한 변수가 되고 있습니다. 피플 파워는 정부의 정책으로 움직이기보다 국민이 자발적으로 주도하여 나오는 힘이라고 볼 수 있습니다. 정부를 통하지 않는 민간 네트워크가 세계적으로 형성되고 있는 상황에서 피플 파워를 정책적으로 지원해야 할 필요성도 커지고 있습니다. 왜냐하면 피플 파워가 민간이 참여하는 공공외교를 가능하게 하고 있기 때문입니다.

이전의 공공외교는 대부분 정부가 주도했지만, 오늘날의 공공외교는 민간에서 자발적으로 참여하고 있습니다. 민간외교라고 불렀던 단순한 민간 교류를 넘어서, 지금은 문화, 지식, 정책 공공외교로 발전되는 사례가 등장하고 있습니다. 이를테면 상대국의 특정 도시나 지역에서 '한복의 날' '김치의 날' '직지의 날' 등을 공식 행사로 지정해서 우리의 문화를 기념하는 것을 문화 공공외교라고 합니다. 독도나 동해 표시를 분명히 하기 위한 다양한 노력은 지식 공공외교이며, 한반도의 평화를 위한 법안 상정을 시도하는 활동은 정책 공공외교라고 할 수 있습니다.

냉전시대,
체제 대결을 위한
공공외교

미국과 소련을 중심으로 이념 대결이
치열했던 냉전시대에는 상대국 국민을 대상으로, 자신
들의 체제를 일방적으로 선전하거나 상대방의 체제를
헐뜯는 방식을 공공외교로 여겼습니다.

그 시절 미국의 공공외교는 국제교육 프로그램이
나 평화봉사단 등을 통해 자유와 평화, 과학기술의 진
보 등 자유주의 가치를 선전하는 방식으로 진행됐습니
다. 또한 소련에 대해서는 강제수용소 등을 근거로 사

회주의 체제를 비판하고, 여러 모순을 지적하는 교육이 같이 이루어졌습니다. 1953년 드와이트 아이젠하워 대통령이 설립한 미국해외공보처USIA는 소련과 사회주의에 맞서서 미국과 시장경제의 우월성을 홍보하는 업무를 담당했습니다. 미국에 대한 긍정적인 인식을 확산하고 소련이나 사회주의에 대한 부정적인 이미지를 부각하는 것이 중심이었습니다.

그런데 세월이 흘러 1989년 12월 미국과 소련의 정상회담이 몰타에서 열려 냉전이 끝났음을 선언하게 됩니다. 미국이 소련과의 체제 경쟁에서 승리한 것입니다. 이후 소련은 독립국가연합CIS으로 전환되고 러시아가 지도국이 되었습니다. 1990년대에는 사회주의 국가들이 일제히 체제를 전환하여, 이전처럼 체제 선전을 중심으로 하는 공공외교는 사라졌습니다.

미국의 정치학자 새뮤엘 헌팅턴은 『문명의 충돌』에서 "이념은 가고 문명이 그 자리를 차지한다"라는 말로 탈냉전시대를 내다봤습니다. 그리고 국제질서에 대한 새로운 관점을 제시했는데, 정치와 경제 대신 '문화'가 사람과 국가를 가르는 기준이 되리라 예측했습니다. 그는 언어와 종교를 문화의 정체성을 형성하는 중요한 요소로 보았고, 기독교 문화를 바탕으로 하는 서구 문명과 종교와 정치를 동일시하는 이슬람 문명이 서로 충돌할 수 있다고 말했습니다.

헌팅턴의 예측대로 2001년 미국에서 '9.11 테러'가 일어나면서 미국은 큰 충격에 빠졌습니다. 미국은 이집트와 사우디아라비아를 비롯한 친미 성향의 아랍 국가들과 우호적인 관계를 유지해 왔지만, 9.11 테러 이후 아랍 국가들과의 외교를 전면적으로 재검토하게 됩니다.

그 결과 미국은 정부와의 관계가 원인이 아니라, 국민 사이에 만연했던 미국에 대한 증오심이 테러를 발생시켰다고 판단했습니다. 이후 미국은 민간의 역할을 확대하고, 양방향 소통을 중시하면서 공공외교 정책을 강화해 나갔습니다. 그렇다면 우리나라의 상황은 어떨까요?

우리 정부의
공공외교 정책은
어떤가요?

        우리나라는 2010년을 공공외교의 원년으로 선언하면서 본격적인 정책이 시작됐습니다. 2011년 공공외교 대사가 임명되고, 2016년 공공외교법이 제정된 후, 2017년에는 공공외교위원회가 출범했습니다. 공공외교법에 따르면 "공공외교란 국가가 직접 또는 지방자치단체 및 민간과 협력하여 문화, 지식, 정책 등을 통하여 대한민국에 대한 외국 국민의 이해와 신뢰를 증진하는 외교 활동을 말한다"라고 정의하고 있습니다.

우리나라는 공공외교의 시작이 늦은 편이지만, 해외에서 우리 문화에 관한 관심이 폭발적으로 증가하면서 공공외교의 효과를 극대화할 수 있게 되었습니다.

특히 소셜미디어 덕분에 케이팝K-pop이 전 세계에 영향을 미치기 시작했는데, 그중에서도 방탄소년단BTS은 영국의 전설적인 밴드 비틀즈에 견줄 만큼 전 세계적인 명성을 얻었습니다. 현재 방탄소년단은 이전에 '한류'라고 소개되던 대중문화와 결이 다른 영향력을 발휘하고 있습니다. 이러한 영향력은 한식, 한복, 태권도, 한글, 관광, 뷰티 등 다른 영역으로 이어지면서 한국 문화 전반에 대한 세계인의 관심이 커지고 있습니다.

우리 정부는 공공외교를 '지식 공공외교' '문화 공공외교' '정책 공공외교'로 분류하고 있습니다.

지식 공공외교는 대한민국이 성장해 오면서 쌓은 경험을 바탕으로 과학기술, 수출, 선거제도, 지방자치 등에 관한 지식을 나누는 교류입니다. 또한 해외에서 잘못 알려진 우리나라 정보를 바로잡는 것도 있는데,

독도나 한복 등에 관한 올바른 정보를 전하는 활동도 포함됩니다.

문화 공공외교란 다양한 문화를 교류하면서 상호 이해를 높여가는 활동입니다. 예술, 스포츠, 관광 등을 통해 우리나라의 깊고 풍부한 문화유산을 널리 알리는 것을 뜻합니다. 정부 차원의 주요한 문화 공공외교 단체로 세종학당재단을 꼽을 수 있습니다.

세종학당재단은 외국인을 대상으로 한글 교육과 한국의 문화 확산을 위해 2012년에 설립되었습니다. 2022년 기준으로 84개국에서 244개의 세종학당이 운영되고 있습니다. 2021년까지 8만여 명의 수강생을 배출했는데, 온라인 교육이 시작된 2022년에는 13만여 명으로 늘었습니다. 또한 한국어 교육을 담당하는 교원 양성도 지원합니다. 한국어 교원은 보통 한국에서 해외로 파견하거나 현지에서 채용하는데, 정부가 한글 보급과 한국의 문화 확산을 위해 정책적으로 접근하는 대표적인 사례라고 할 수 있습니다.

정책 공공외교는 우리나라의 중요 정책을 외국 국민이 공감하고 동의할 수 있도록 정보를 전달하고 정당성을 호소하는 활동입니다. 우리나라는 분단국으로서 전쟁의 위협 속에서 70년 넘게 평화와 통일을 가장 중요한 정책 공공외교로 삼아 왔습니다.

한반도의 평화와 통일 문제는 동아시아는 물론이고, 국제질서에도 큰 영향을 미칠 수 있습니다. 왜냐하면 전쟁이 아닌 평화를 실천하는 정책이 어디에서나 중요해지고 있기 때문입니다.

외국에 거주하는 '한인 디아스포라'의 공공외교

여러분은 혹시 한인 디아스포라라는 말을 들어 봤나요? 디아스포라Diaspora는 흩어진 사람들이라는 뜻으로, 원래 세계 각지에서 수천 년 이상 흩어져 살면서도 민족의 정체성을 유지하고 있는 유대인을 칭하는 말이었습니다. 우리 민족은 일제강점기를 거치면서 중국, 러시아, 일본, 미국 등지로 진출하기 시작했고, 현재는 약 730만 한인들이 여러 나라에서 살아가고 있습니다.

디아스포라가 공공외교의 주체로 주목받는 이유는 무엇보다 문화와 언어의 장벽을 뛰어넘을 수 있기 때문입니다. 그리고 공공외교는 다양한 부류의 사람들을 상대하기 때문에 많은 인력이 필요한데, 현실적으로 정부만으로는 감당할 수가 없습니다. 공공외교가 중요해질수록 디아스포라의 역할도 커질 수밖에 없습니다.

현재 우리나라는 국제연합UN 회원국과 교황청, 쿡제도를 포함하여 총 191개국과 수교한 상태입니다. 냉전시대에는 사회주의 국가와 수교가 어려웠지만, 냉전시대가 끝나고 러시아와 중국 등 옛 사회주의 국가와 국교를 맺으면서 우리 동포들은 거의 모든 수교국에서 살게 됐습니다. 기업이나 관공서의 주재원, 유학생 혹은 교수나 연구원, 개인 사업, 이민 등 다양한 방식으로 해외에 진출했습니다.

세계 각지에서 한인들로 구성된 470여 한인회가 있는데, 이들은 해마다 '한국의 날'이나 '한국 문화의 날'을 개최하면서 한국을 알리기 위해 힘쓰고 있습니다. 지역 주민들을 초청하여 한식과 한복 등 다양한 전통 문화를 소개하거나, 태권도 시범, 케이팝 경연 등 여러 행사를 선보입니다. 한인회가 중심이 된 행사들은 지역 사회 안에서 자연스럽게 한국을 홍보하는 문화 공공외교라 할 수 있습니다.

또한 한인 동포들은 한국 정부의 지원이 있기 수십 년 전부터 자발적으로 한글 학교를 운영해 왔는데, 우리 민족의 정체성을 지키고, 자녀들에게 한국어를 물려주려는 노력에서 시작된 것입니다. 현재 한글 학교는 모두 1,438개로 북아메리카 지역에 713개, 중국과 일본을 포함한 아시아 지역에 295개, 러시아와 독립국가연합에 136개가 있습니다.

최근에는 독도와 동해, 위안부 문제 등 지식 공공외교에 해당하는 사례도 등장하기 시작했습니다. 일본이 독도를 자신의 영토라고 주장할 때마다 한인 동포들은 독도가 표기된 고지도를 찾아내서 언론에 알리는가 하면, 뉴욕의 타임스퀘어 전광판에 독도는 우리 땅이라고 광고를 게재하기도 했습니다. 그리고 동해를 일본해로 표기하는 웹사이트에 정정을 요청하거나, 대학 교재에 일본해와 동해를 함께 표기하고, 독도를 명시하게 만드는 성과도 있었습니다. 또한 위안부 문제와 관련해 '평화의 소녀상' 세우기 운동도 지속하고 있습니다. 이처럼 한인 동포들을 공공외교의 파트너로 삼을 수 있는 여건이 마련되고 있는 것입니다.

외국에 나가면 다 애국자가 된다는 말이 있습니다. 외국에 살면서 조국에 대한 애틋한 마음이 저절로 생기는 이유는, 국제사회에서 벌어지는 치열한 경쟁을 몸소 체험하기 때문일 것입니다. 강대국의 틈바구니에서 우리의 살길이 무엇인지에 대한 이해도가 높아진다고 볼 수 있겠습니다.

우리나라와 우리 민족의 장래를 위해 외교가 어느 방향으로 가야 하는지, 국제적 감각과 다양한 정보를 바탕으로 한인 디아스포라 고유의 해법이 나올 수 있다면 좋겠습니다.

국민외교,
누구나 외교관이
될 수 있을까요?

국민외교는 국민이 외교에 있어서 주권을 가진 주체임을 명시하고, 정책이 만들어지고 실행되는 과정에 참여할 수 있도록 한다는 개념입니다. 외교부의 정의에 따르면 "외교에 대한 국민의 의견을 수렴하여 국민의 이해와 지지를 확대하고, 국민 참여를 강화함으로써 국민의 외교 역량을 결집시켜, '국민과 국익 중심'의 외교를 구현"하는 것입니다.

국민외교를 생각할 때 대표적으로 방탄소년단

을 꼽을 수 있습니다. 방탄소년단 덕분에 한국어를 배우거나 한국을 방문하고, 한국의 문화와 역사까지 관심을 두는 외국인이 증가했기 때문입니다. 게다가 2022년 방탄소년단의 공식 팬클럽인 아미ARMY가 진행한 설문조사 결과가 온라인에 공개됐습니다. 이 설문조사는 100여 개 국가에서 36개 언어로 번역되어 온라인으로 총 50만여 명 이상이 참여한 설문조사인데, 이러한 데이터는 음반 시장뿐만 아니라 정부에서 공공 외교 정책을 세울 때도 큰 도움이 됩니다.

기존의 외교가 안보와 경제를 위주로 하는 정부의 역할에만 치중했다면, 지금은 국민의 적극적인 참여를 위한 정책도 함께 추진되고 있습니다. 국민외교의 개념은 아직 널리 알려지지 않았지만, 국내에도 많은 외국인이 들어와 있고 그들과의 교류도 중요하기 때문에 국민의 외교 역량을 강화하는 정책이 다양하게 마련될 필요가 있습니다.

현재 외교부는 국민과의 소통을 위해 국민외교센터를 2018년부터 운영하고 있습니다. 국민외교센터는 외교와 관련한 교육도 진행하며, 우리나라 재외 공관이나 외국의 공공기관에 인턴을 파견하는 제도도 운용하고 있습니다.

정부는 국가를 대표하고, 국민으로부터 위임된 권한을 행사하는 기관으로서 외교에서도 국민의 뜻을 최대한 반영할 의무가 있습니다. 외교에서 국민과의 소통을 강화하며 참여를 확대할 수 있도록 길을 만드는 것은, 변화하는 국제질서에 적응하고 외교 정책의 효과를 높이기 위해서 꼭 필요합니다.

국민외교에
참여하는 방법

현재 다양한 민간 단체들이 공공외교 분야에서 활약하고 있습니다. 대표적으로 '반크'와 '재미차세대협의회'에 대해서 알아보겠습니다.

반크VANK

반크는 인터넷상으로 지식 공공외교를 펼치면서 민간 외교의 새로운 지평을 연 단체입니다. 공공외교라는 개념이 소개되기 전부터 스스로 '사이버 외교사

절단'으로 규정하며, 1999년부터 전 세계에 한국을 바로 알리는 활동을 이어오고 있습니다.

이들은 2001년 '내셔널지오그래픽'에서 일본해뿐만 아니라 동해를 함께 표기하도록 했고, 이를 계기로 널리 알려지게 됐습니다. 예전에는 해외의 인터넷이나 각종 도서에서 동해를 일본해로만 표기하고 있었습니다. 하지만 반크에서 자발적으로 전 세계 학자들과 언론사, 그리고 1,000여 개 교과서 출판사에 메일을 보내 수정을 요구한 결과, 일본해와 동해를 함께 표기하는 경우가 많아졌습니다.

이외에도 한국의 역사와 문화에 대한 자부심을 바탕으로, 올바른 한국 역사를 담은 홍보물을 제작해서 2007년부터 전 세계 주요 도서관과 외국인들에게 배포했습니다. 2008년부터는 세계에서 가장 오래된 금속활자 책인 『직지심체요절』을 홍보하기 위한 사이트를 개설했으며, 2010년에는 '글로벌 역사외교아카데미'라는 사이트를 개설하여 온라인 교육 사업도 시작했고, 이순신과 위안부 문제를 알리는 사이트도 만들었습니다. 그 결과 국회에서 교육부와 외교부가 주관하는 '민관협력 위원회'가 출범하여 2016년부터 반크의 사업을 지원하고 있습니다.

반크의 사례는 민간의 외교 활동이 인터넷 시대를 맞아 국제적으로 이루어질 수 있음을 보여줍니다. 또한 민간이 주도하고, 정부가 협력하는 구도를 통해 국민주권이 실현된 사례라고 할 수 있습니다.

재미차세대협의회AAYC

재미차세대협의회는 2017년 뉴저지주 테너플라이 고등학교에서 한 교사가 한인 학생들을 대상으로 인종차별 발언을 하자, 한인 학생들이 공동으로 대응한 것을 계기로 창단했습니다. 이 활동을 주도한 브라이언 전은 향후 미국에서 한인들의 영향력을 키우고, 리더를 양성하겠다는 목적으로 지역 사회에서 다양한 활동을 하며 단체를 이끌고 있습니다.

2019년에는 테너플라이시 시장 선거에서 마크 지나 후보를 지원하며 선거 승리에도 도움을 줬습니다. 그 결과 2020년에 테너플라이시에서 '한복의 날'을 제정하고, 매년 10월이면 한복과 함께 한국을 알리는 행사를 개최하고 있습니다. 그리고 2021년에는 뉴저지주 하원 선거에 출마한 엘렌 박 후보의 선거를 도왔고, 박 의원은 당선 이후 뉴저지주 차원에서도 '한복의 날' 제정에 앞장섰습니다. 이처럼 재미차세대협의회는 지역의 학생 조직을 기반으로 주민들에게 선거 참여를 독려하는 방식으로 후보자를 지원하고, 지지 후보가 당선되었을 때 한인을 위한 정책에 협력하도록 하는 사례를 남겼습니다.

이 밖에도 2021년부터는 8월 15일 광복절을 맞아 뉴욕의 월스트리트를 상징하는 '돌진하는 황소상' 앞에서 태극기 게양식을 진행하고 있습니다. 이러한 행사는 우리 민족에게 중요한 광복절의 의미를 미국 현지인들에게 알릴 뿐만 아니라, 차세대 한인들이 올바른 역사의식을 갖는 계기가 될 수 있습니다.

새롭게 떠오르고 있는 국민외교는 반크와 재미차세대협의회의 사례와 같이 국민 스스로 우리나라의 역사, 지리, 문화 등과 관련해서 바르게 알리고자 노력하는 활동을 뜻하기도 합니다. 정부는 이러한 활동을 정책적으로 뒷받침하여 국민외교가 지속적으로 발전할 수 있도록 지원해야 합니다.

3장

대한민국의 외교:
우리나라 외교의 역사와 현재

김준형

글 **김준형**

연세대학교에서 정치외교학과를 졸업한 다음 미국으로 건너가 조지워싱턴대학교에서 국제정치학 석사와 박사학위를 받았다. 귀국 후 1999년부터 2024년 2월까지 한동대학교 국제지역학과 교수를 역임했다. 2005년 풀브라이트 교환교수로 미국 대학교에서 1년 동안 강의를 했고, 2019년부터 2년간 외교부 국립외교원 5대 원장을 지냈다. 현재는 '사단법인 외교광장' 연구소의 이사장을 맡고 있으며, 신문과 방송에서 활발하게 국제정치를 해설하고 있다. 학문적 관심 분야는 동북아 국제정치, 미·중 및 한·미 관계이며, 사회적 관심 분야는 강연과 글쓰기이다. 특히 청소년을 위한 여러 권의 정치학 관련 책을 냈는데, 『이것도 폭력이야?』『전쟁하는 인간』『내 한 표에 세상이 바뀐다고?』『국가야 너는 왜 얼굴이 두 개야?』 등 다수가 있다.

우리는
반도국?

우리나라는 반도 국가로 한반도라고 불립니다. 반도 국가는 국력이 강하면 대륙과 해양 양쪽으로 뻗어나갈 수 있어서 지리적으로 유리합니다. 과거 세계를 지배한 로마가 속해 있는 이탈리아도 반도 국가로서 힘을 떨쳤습니다. 그런데 반도 국가의 국력이 약하면 '고래 싸움에 새우 등 터진다'라는 속담처럼 대륙과 해양 국가들 양쪽으로부터 괴롭힘을 당할 수 있습니다. 우리나라는 대륙 국가인 중국으로부터 자주 시달려 왔었고, 해양 국가인 일본의 침략으로 주권을 상실하기도 했습니다.

이처럼 우리나라는 고래 싸움에 낀 새우가 되는 경우가 많았고, 무려 900번 이상이나 침략을 당했다고 합니다. 만약 집에 900번이나 강도가 들었다면 어떨까요? 항상 두렵고 불안하겠지요? 그렇습니다. 우리 민족은 그렇게 불안한 마음을 안고 지금까지 살아왔습니다. 그래서 우리는 살아남고, 번영하기 위해서 어떤 국가보다 빼어난 외교가 필요했습니다. 그렇다면 우리의 외교는 어땠을까요? 때로는 외교술을 통해 위기를 벗어나기도 했지만, 아쉽게도 잘못된 외교 때문에 나라를 위기에 빠뜨린 적도 있습니다.

반도라는 말의 진짜 의미

반도는 절반만 섬이라는 뜻입니다. 그런데 반도라는 말은 일제강점기에 일본이 의도적으로 만든 말입니다. 일본은 자기들을 온도, 즉 온전한 섬이라고 불렀고, 한반도는 반쪽짜리의 불완전한 섬으로 취급했습니다.

이는 일본이 한반도를 온순한 토끼에 비유해서 한국인

의 기를 꺾으려 했던 것과 비슷합니다. 일본은 포항의 영일만 지역을 토끼 꼬리라는 뜻의 '장기곶'이라고 불렀습니다. 하지만 지금은 대륙을 향해 포효하는 호랑이의 꼬리에 해당한다고 '호미곶'이라고 부릅니다.

이러한 역사적인 배경 탓에 '한글학회'에서도 반도라는 말을 사용하면 안 된다고 합니다. 게다가 한국전쟁으로 한반도가 분단되면서 반도라는 말이 씨가 된 것 같습니다. 물론 이러한 상태가 영원히 지속되는 것은 아닙니다. 남북 관계 개선에 따라서 대륙으로 연결되는 길이 열릴 수도 있습니다. 대한민국이 미래에 대륙으로 뻗어 가려면 남북 관계 개선이 꼭 필요합니다.

이처럼 우리나라는 지리적으로 대륙과 해양 세력이 충돌하는 지점이 될 수도 있지만, 다른 한편으로는 대륙에서 해양으로 나가는 관문이자, 해양과 대륙을 이어주는 다리 역할을 할 수도 있습니다. 우리의 노력과 능력에 따라 얼마든지 유리한 조건을 만들어 낼 수 있습니다.

하지만 오늘날 한반도는 매우 힘든 상황에 처해

있습니다. 미국과 중국이 세계의 패권을 놓고 경쟁을 벌이는 주요한 무대 중 하나가 바로 한반도입니다. 우리 민족은 조선시대 말에 일본, 중국, 러시아의 세력 다툼으로 나라를 잃어버렸고, 제2차 세계대전 직후 미국과 소련의 냉전으로 비극적인 전쟁까지 겪었는데, 다시 한번 미국과 중국의 대결 한가운데 놓이게 되었습니다.

남북이 여전히 한반도 분단을 해결하지 못하다 보니, 대륙 세력을 대표하는 중국과, 해양 세력을 대표하는 미국 사이에 끼어서 한반도의 평화가 위태로워지고 있습니다. 이런 시기일수록 남북이 평화롭게 지내면 좋겠지만, 2018년 우리를 흥분시켰던 세 차례의 남북 정상회담과, 2019년 북미 정상회담에도 불구하고, 여전히 북한과의 관계가 긴장 속에 있습니다.

지금처럼 우리에게 평화가 절실하게 필요한 적이 없었고, 그렇기에 평화를 가져올 수 있는 외교가 더욱 중요해졌습니다. 그런 의미에서 우리나라 외교의 역사와 현재에 관해서 살펴보고자 합니다.

고조선과
최초의 외교관

　　　　　　고조선은 우리나라 최초의 국가입니다. 하지만 실제 역사에 대해서는 기록이 그리 많지 않습니다. 기껏해야 『삼국유사』에 기록된 단군 신화 정도만 알려져 있습니다. 그런데 하늘에서 단군이 내려와 사람으로 변한 곰과 결혼해서 나라를 만들었다는 단군 신화는, 증거도 없고 과학적이지도 않아 사실로 믿기 어렵습니다. 그렇다고 해서 고조선마저 가짜인 것은 아닙니다. 고조선은 역사적으로 존재했고, 우리나라의 뿌리가 맞습니다.

고조선에 관한 기록은 중국의 고대사를 기록한 여러 책에서 조금씩 나오는 정도여서, 고조선의 역사를 전부 파악하기는 어렵습니다. 그런데 고조선을 소개하는 중국의 역사책에는 놀랍게도, 그 당시 고조선의 외교와 우리나라 최초의 외교관으로 불릴만한 인물이 기록되어 있습니다. 바로 '예'라는 이름을 가진 인물입니다.

예는 대부라는 벼슬을 가지고 있었으며 많은 일을 했는데, 기록에서는 전쟁을 막은 것에 초점을 맞추고 있습니다. 예가 관직에 있던 시기에는, 고조선과 중국의 연나라가 세력을 다투면서 언제든지 전쟁이 일어날 수 있는 위험한 상황이었습니다. 바로 그때 예가 나섰습니다. 그는 먼저 고조선의 왕을 찾아가서 전쟁을 말렸고, 곧이어 연나라의 왕을 설득해 전쟁을 막아냈습니다. 연나라의 왕을 설득한 방법에 대해서는 기록이 남아 있지 않지만, 예의 외교 능력이 매우 뛰어났던 것은 분명합니다.

중국의 역사책에 이름이 기록된 우리나라 최초의 인물이 예라는 점도 신기합니다. 그 이유를 짐작해 보면 고조선의 어떤 왕들보다 먼저 역사책에 등장할 만큼 그의 외교가 훌륭했기 때문이 아니었을까요?

예의 훌륭한 외교 덕분에 고조선은 한동안 전쟁을 겪지 않고 평화롭게 지낼 수 있었습니다. 하지만 기원전 3세기에 결국 연나라와 전쟁이 벌어져서 고조선은 많은 땅을 빼앗겼고, 기원전 108년에 나라가 멸망했습니다. 만약 예와 같은 훌륭한 외교관이 또 나왔다면, 고조선의 역사는 달라졌을지도 모릅니다.

삼국시대와
신라의 외교

　　　　고조선이 멸망한 이후 한반도에는 고
구려, 백제, 신라의 삼국시대가 펼쳐집니다. 이들 삼국
중에 고구려가 가장 먼저 발전합니다. 강력한 군사력
으로 정복 전쟁을 통해 한반도는 물론이고 드넓은 만
주 땅까지 차지하게 됩니다. 백제는 고조선의 멸망을
피해 남쪽으로 내려온 사람들이 원래 살고 있던 사람
들과 힘을 합쳐서 나라를 세웠다고 합니다. 그리고 지
금의 경주를 중심으로 나라를 세운 신라는 고구려와

백제보다 늦게 출발했지만, 아주 빠른 속도로 발전합니다.

백제와 신라는 운이 좋았습니다. 강대국 고구려가 한반도의 북쪽에서 중국을 막아주었고, 중국 역시 세 나라로 나뉘어 서로 다투고 있어서 한반도를 향해 큰 영향력을 발휘하지 못했기 때문입니다. 한반도의 삼국은 이러한 기회를 잘 활용해서 점차 나라의 기틀을 다지고 발전해 갔습니다.

이들은 주로 전쟁을 통해 나라를 키워갔으며, 삼국 모두 나머지 국가들의 갈등을 이용해서 어부지리를 얻으려고 노력을 기울였습니다. 자기는 뒤로 빠지면서 다른 두 나라가 서로 싸워서 국력이 약해지기를 원했습니다. 또한 한 나라가 강해지면 두 나라가 동맹을 맺어서 견제했습니다. 예를 들어 고구려가 강할 때는 신라와 백제가 손을 잡고, 백제가 강할 때는 고구려와 신라가 손을 잡았으며, 신라가 강할 때는 백제와 고구려가 손을 잡았습니다.

한반도를 통일하는 신라는, 초기에는 백제와 고구려에 비해 국력이 약했습니다. 특히 백제와 사이가 나빴으며, 일본과 가까워서 왜구의 침략으로 고통받았습니다. 고구려와는 한편이 된 적도 있었지만, 대부분 적대적인 관계였습니다. 불리한 상황 탓에 신라는 어쩔 수 없이 중국과 협력해야만 했습니다. 처음에는 수나라와 동맹을 맺었다가, 수나라가 멸망하자 당나라와 동맹을 맺습니다. 동맹 외교를 통해 살길을 찾으려는 전략이었습니다. 이후 고구려와 백제가 신라를 공격하자, 신라는 당나라에 도움을 요청하게 되고 이것이 '삼국통일 전쟁'의 시작이었습니다.

신라의 김춘주, 프로이센의 비스마르크

삼국통일의 일등 공신이라고 할 수 있는 태종무열왕 김춘추는, 독일 역사상 최고의 정치가로 꼽히는 오토 폰 비스마르크와 비슷한 점이 많습니다.

비스마르크는 여러 나라로 분열된 독일을 통일했고, 그 과정에서 프랑스, 오스트리아, 러시아, 그리고 영국에 대한 탁월한 외교로 국익을 챙겼습니다. 비스마르크가 독일 통일의 가장 큰 방해물인 오스트리아를 칠 때, 외교적으로 오스트리아를 고립시켜 다른 나라가 도울 수 없도록 만들었습니다. 그 과정에서 프랑스가 중립을 선언하도록 친분을 맺었지만, 비스마르크는 프랑스를 절대 믿지 않았으며 몇 년 후 프랑스와도 전쟁을 치릅니다.

마찬가지로 김춘추도 백제와의 전쟁에서 승리하기 위해 적극적으로 외교를 활용했습니다. 먼저 백제와의 전쟁에서 방해받지 않도록 고구려와 일본에 직접 건너가서 상황을 살폈고, 그 결과 전쟁에서 승리하기 위해 당나라의 군대가 필요하다고 판단했습니다. 당나라는 처음에는 신라의 동맹 제안을 거절했지만, 당나라가 고구려 원정에서 실패했을 때 김춘추는 아들과 함께 당나라로 넘어가 직접 왕을 설득해 동맹을 맺습니다.

또한 백제와 싸우는 동안 일본이 신라를 공격하지 않도록 친분을 쌓았지만, 일본을 완전히 신뢰한 것은 아니었습니다. 김춘추의 아들인 문무왕도 자기가 죽거든 동해의 용이 되어서라도 일본으로부터 신라를 지키겠다고 할 만큼 일본을 경계했습니다. 왜냐하면 신라를 가장 자주 그리고 오랫동안 괴롭히던 나라가 일본이었다는 사실을 잊지 않았기 때문입니다.

이처럼 신라의 발전과 통일에는 외교가 큰 역할을 했습니다. 신라는 국가의 이익만을 생각하는 외교를 통일 이후에도 계속합니다. 중국과 일본에 강한 태도와 약한 태도를 번갈아 보여주면서 외교를 펼쳤습니다. 물론 좋은 점만 있었던 것은 아닙니다. 신라가 통일을 위해 당나라를 끌어들인 탓에 두고두고 고생하게 됩니다. 특히 당나라의 갖은 요구로 과거 고구려가 가졌던 많은 땅을 잃어버리게 된 일은 지금 생각해도 안타깝습니다.

신라의 석우로와
박제상

　　　　　　　삼국시대 신라에는 김춘추 이외에도
외교와 관련해서 유명한 두 사람의 이야기가 전해지고
있습니다.

　　　첫 번째는 신라 초기에 활약한 석우로에 관한 이
야기입니다. 그는 유명한 장군으로 일본, 백제, 고구려
와 싸워 여러 번 공을 세웠습니다. 하지만 외교적으로
큰 실수를 저질러서 자신은 물론 신라에도 큰 손해를
끼칩니다. 그 일은 일본, 즉 왜국의 사신이 신라를 방

문했을 때 벌어졌습니다. 석우로는 사신을 영접하면서 농담으로 "당신네 왕을 소금 굽는 종으로 만들고, 왕비는 밥 짓는 식모로 만들겠다"라고 말합니다. 이 말을 전해 들은 일본의 왕은 크게 분노했고, 곧바로 군대를 보내 신라를 공격했습니다. 신라는 제대로 방어도 하지 못하고, 왕이 궁궐을 나와 도망가는 치욕을 당합니다.

석우로는 상황을 수습하기 위해 먼저 왕에게 가서 머리를 조아리고, 자신이 말을 삼가지 않아서 생긴 일이므로 자기가 바로잡겠다고 합니다. 그리고 일본 군대가 있는 곳으로 가서 지난번 말이 농담이었다고 말합니다. 하지만 일본 병사들은 그의 말을 제대로 듣지도 않고 불태워 죽여 버립니다.

석우로는 훌륭한 군인이었지만, 외교를 전혀 몰라서 나라를 망하게 할 수도 있는 위기를 불러왔습니다. 상대국을 모욕한 것이 농담이라고 생각한 것 자체가 말도 안 되는 일입니다. 석우로는 우리에게 외교 실수가 얼마나 큰 결과를 불러올 수 있는지 보여줍니다.

두 번째는 신라 최고의 외교관으로 불렸던 박제상

에 관한 이야기입니다. 신라 눌지왕 때의 일입니다. 당시 힘이 약했던 신라는 왕의 두 동생을 고구려와 일본에 인질로 보내야만 했습니다. 시간이 지나고 눌지왕은 동생을 보고 싶은 마음에 박제상에게 그들을 구하라는 명령을 내립니다.

박제상은 우선 고구려의 장수왕을 찾아가서 "만약 대왕께서 복호 왕자를 돌려보내 주신다면 그것은 마치 아홉 마리 소에서 털 하나 뽑는 것처럼 아주 가벼운 일이 될 것이지만, 우리 임금은 대왕의 은혜와 덕을 한없이 크게 칭송할 것입니다"라고 설득합니다. 이 말은 후세에도 최고의 외교 명언으로 손꼽힙니다.

그는 복호 왕자를 무사히 신라로 데려오고 나서, 일본으로 건너갑니다. 일본은 고구려와 달리 순순히 왕자를 보내주지 않을 것을 알았기에, 박제상은 일본 왕에게 눌지왕이 자신을 죽이려고 하니, 신하로 받아달라고 부탁합니다. 일본 왕이 방심한 사이 박제상은 미사흔 왕자를 무사히 탈출시킵니다.

이 사실을 알게 된 일본 왕은 박제상을 목도라는 섬으로 유배 보냈지만, 그의 용맹함과 지혜로운 외교

기술에 반해서 박제상을 신하로 삼으려고 계속 설득합니다. 하지만 박제상은 일본 왕에게 "차라리 계림(신라의 옛 이름)의 개나 돼지가 될지언정 일본 왕의 신하로 부귀영화를 누리지는 않겠다"라고 답합니다. 화가 머리끝까지 난 일본 왕은 결국 그를 불에 태워 죽입니다.

울산의 치술령에는 박제상의 부인이 돌아오지 않은 남편을 기다리다 굳어서 그대로 돌이 되었다는 망부석이 있습니다. 박제상의 놀라운 외교술과 충성심 그리고 아내의 깊은 사랑 덕분에 오늘날까지 기억되고 있는 것이 아닐까요?

외교 천재,
고려

       광해군은 연산군과 함께 조선 500년 역사에서 폐위된 후 복원되지 않고 왕의 이름이 부여되지 않은, 그래서 군으로 불리는 두 명의 왕 중의 한 명입니다. 대표적인 폭군으로 알려졌지만, 적어도 외교 분야에서는 뛰어났다는 평가를 받습니다.

       임진왜란이 일어났을 때 혼자 살겠다고 나라를 버리고 도망간 아버지 선조와 달리 위험한 가운데서도 책임을 다했고, 전쟁 이후에도 나라를 복구하기 위해 노력합니다. 그리고 당시 중국의 명나라와 만주족 사이에서 절묘한 균형 외교를 유지했고, 일본과도 무역을 재개하면서 다양한 외교를 펼쳤습니다. 이러한 광해군이 칭찬을 아끼지 않았던 것이 바로 고려의 외교라고 합니다.

광해군은 자신의 일기에 조선의 어려움을 걱정하면서 "우리가 고려처럼만 할 수 있다면 나라의 안전을 지킬 수 있을 텐데"라고 탄식하듯이 적고 있습니다.

고려의 외교는 정말로 광해군이 부러워할 만했습니다. 서기 993년 거란의 소손녕 장군이 이끄는 80만 대군이 고려를 침공했습니다. 아무런 준비도 없었던 고려는 그야말로 위기를 맞이하고는 어찌할 바를 모르고 발만 동동 구르고 있었습니다. 어떤 신하는 무조건 항복하자고 했고, 다른 신하는 북쪽 땅의 일부를 떼어 주면 물러갈 것이라고 주장했습니다.

그때 서희 장군은 고구려의 옛 땅을 결코 내줄 수 없다면서 자기가 직접 거란과 협상하겠다고 나섭니다. 서희가 거란의 소손녕과 만나는 순간부터 기 싸움이 시작됩니다. 소손녕은 고려와 같은 소국의 사신이 대국의 장군에게 먼저 인사해야 한다고 했지만, 서희는 끝까지 버텼습니다. 소손녕은 서희에게 "고려는 신라를 이어받은 나라이므로 지금 고구려 땅은 거란이 가지고 있으니 북쪽 땅을 바치라"라고 합니다. 그러자 서희는 "우리는 고구려를 이어받은 나라라서 이름도 고려라고 했다. 우리가 거란에 바치고 싶어도 중간에 여진족이 막고 있어서 그럴 수 없다. 여진족을 쫓아내고 그 땅을 원래 주인인 고구려의 후손인 고려에게 줘야 한다. 그렇게 하면 앞으로 거란에 조공을 바치겠다"라고 답합니다. 소손녕은 서희에게 꼼짝없이 말려들어 옛 고구려 땅의 일부인 강동 6주의 땅까지 돌려주고 군대를 철수합니다.

고려는 중국 땅에서 송나라, 거란, 여진, 그리고 몽골에 이르기까지 조금이라도 더 많은 땅을 차지하려고 전쟁을 벌이던 시기를 견뎌내야 했습니다. 강감찬 같은 장수가 거란의 침략을 막은 것도 훌륭하지만, 서희와 같이 뛰어난 외교로 대륙의 강대국들을 구워삶아 전쟁을 피한 것은 정말 잘한 일이었습니다. 특히 송

나라, 거란, 여진 중에서 어느 한쪽 편도 들지 않으면서 국익을 챙겼습니다. 국제정치에서 자주 말하는 '영원한 친구도 없고, 영원한 적도 없다'라는 진리를 그대로 실천한 것이 고려입니다.

고려의 외교는 세계적인 제국을 건설한 몽골에도 통했습니다. 칭기즈 칸은 몽골고원의 유목민족을 통일하고 몽골 제국을 건설했으며, 중국을 정복한 뒤에는 고려와도 충돌했습니다. 당시 고려는 몽골의 상대가 되지 못했고, 30년 넘게 몽골의 지배를 받아야만 했습니다. 하지만 불리한 상황 속에서도 뛰어난 외교를 통해 나라의 명맥을 이어갔습니다.

예를 들어 고려가 강화도로 수도를 옮기려고 했을 때, 몽골은 군대를 보내 원래 수도인 개경(지금의 개성)으로 다시 돌아가라고 압박했습니다. 해군이 약한 몽골은 고려의 왕이 강화도에 있는 것이 마음에 들지 않았기 때문입니다. 이에 고려의 고종 왕은 몽골을 설득하기 위해 사신 김수강을 보냅니다.

김수강은 몽골 황제를 만나서 이렇게 말합니다. "입장을 바꿔 생각해 보시옵소서. 짐승(고려)이 굴속에 숨어있는데, 사냥꾼(몽골)이 그 앞에서 활과 화살을 가지고 지키고 서 있으면 어떻게 나오겠습니까?" 이 말을 들은 몽골 황제는 "네가 바로 진짜 사신"이라고 김수강의 외교에 감탄하며 군대를 물렀다고 합니다.

　이후에도 몽골이 계속 괴롭힐 때마다 고려는 외교로 위기를 모면했다고 합니다. 과연 조선의 광해군은 물론이고, 오늘날에도 감탄할 외교입니다.

조선의
사대 외교

조선은 이성계가 1392년에 세워서 1910년 일본에 의해 주권을 빼앗기기 전까지 518년을 유지한 우리나라의 마지막 왕조입니다. 서구 근대국가의 탄생과 똑같지는 않지만, 이 시기에 왕이나 국가의 힘이 압도적으로 커졌고 외교에서도 큰 영향력을 가지게 됩니다.

조선시대의 외교는 한마디로 '사대교린' 정책이라고 합니다. 사대라는 말은 강대국에 대한 외교 원칙을

말하고, 교린이라는 말은 약소국들에 대한 원칙으로
서로 싸우지 않고 사이좋게 지내겠다는 뜻입니다. 사
대 외교는 중국에, 교린 외교는 일본이나 중국의 변방
에 적용되었습니다.

사대 외교와 사대주의

조선은 나라를 세운 직후부터 중국을 대국으로 섬기는
정책을 펼쳤습니다. 그리고 해가 바뀌는 연말과 연초,
그리고 중국 황제의 생일과 같은 경조사에 사신을 보내
고 선물을 바쳤습니다. 그것을 상전에게 바친다는 뜻으
로 조공이라고 불렀습니다. 중국은 조공에 대한 답례로
조선의 왕을 임명하는 책봉을 했습니다. 이렇게 조선과
중국은 독립된 주권 국가의 평등한 관계가 아니라, 중국
을 왕으로 섬기는 신하 국가로 자리매김했습니다. 그것
을 통해 중국과 싸우지 않고 안보를 유지하는 것이 사대
외교라고 할 수 있습니다.

사대주의도 사대 외교에서 나온 말입니다. 즉 큰 나라를
동경하고 섬기는 사상을 말합니다. 사대주의를 옹호하
는 사람들은 자존심을 죽이고 강대국과의 동맹을 맺는

것이, 약소국이 생존하는 가장 현실적인 방법이라고 말합니다. 반대로 사대주의를 비판하는 사람들은 자주성을 잃어버리고 다른 나라에 운명을 맡기는 어리석고 열등한 자세이며, 명나라에 대한 사대주의를 벗어나지 못해 청나라의 침략을 당했던 것처럼 시대의 변화에도 둔감하다고 말합니다.

또 다른 한편에서는 사대 외교는 약소국이 강대국들 사이에서 살아남는 수단이라는 점에서 긍정적으로 평가할 수 있지만, 사대주의는 무조건 강대국을 떠받드는 사상을 말하기 때문에 비판받아야 한다고 주장합니다.

오늘날에도 우리나라가 생존하려면 미국의 도움이 꼭 필요하다며, 미국 중심의 사대 외교가 나오고 있습니다. 과연 그럴까요? 이제 우리나라도 충분히 스스로 지킬 수 있을 만큼 강해졌다고 믿는데, 여러분은 어떻게 생각하나요?

아무튼 조선 초기에는 공공연하게 중국에 대한 사대 외교를 했습니다. 왜냐하면 조선은 하루빨리 나라를 탄탄하게 만들기 위해 주변국과 전쟁을 벌일 여유가 없었고, 그러기 위해서는 강대국 중국과 좋은 관계를 유지할 필요가 있어서 중국을 섬기기로 했던 것입니다. 그러나 평화로운 국제질서는 그리 오래가지 않았습니다. 신라나 고려처럼 조선 역시 대륙의 중국과 해양의 일본 사이에 끼여서, 임진왜란과 병자호란처럼 비극적인 전쟁을 겪습니다.

조선 중기에는 앞에서 소개한 광해군이 외교에서 중요한 역할을 합니다. 광해군은 중국에서 명나라와 청나라의 경쟁이 치열할 때 중립을 잘 지켜 화를 면하기도 했습니다. 또한 신하들이 망하고 있는 명나라만 섬기고, 새롭게 떠오르는 청나라를 무시하는 것을 보고 크게 걱정했습니다. 광해군은 가진 것 없이 큰소리만 치는 신하들에게 제발 허풍 떨지 말고 고려의 외교를 배우라고 했을 정도로, 강대국의 경쟁에서 살아남으려면 고려와 같은 중립 외교가 꼭 필요하다고 생각했던 것 같습니다.

하지만 광해군을 몰아내고 왕에 오른 인조는 중립 외교를 버리고 명나라를 선택합니다. 당시 명나라가 '지는 해'라면 청나라는 '떠오르는 해'였음에도 조선은 국제질서에 무지하여 명나라를 선택했던 것입니다. 이 선택으로 결국 조선은 청나라의 침략을 받아 큰 피해를 보고 맙니다. 수많은 백성이 죽고, 왕자들을 포함해서 많은 사람이 중국으로 끌려갔습니다. 또한 국가의 살림은 빈털터리가 되었습니다.

그뿐만 아니라 인조는 청나라 황제에게 찾아가서 '삼배구고두'라는 치욕적인 일도 해야만 했습니다. 삼배구고두라는 것은 상복을 입고 세 번 큰절하고, 땅바닥에 아홉 번 머리를 박아서 그 소리가 단 위에 앉아 있는 청나라 황제에게 들리도록 하는 것입니다. 이를 행한 인조의 이마에서는 피가 철철 흘러내렸다고 합니다.

이후 조선은 명나라와 했던 것처럼, 청나라에 사대 외교를 했습니다. 청나라는 다행히 조선을 완전히 속국으로 만들지 않고 영토와 주권을 인정했습니다. 그 덕분에 한반도는 안정을 찾았지만, 조선은 국력을 제대로 회복하지 못하고 점점 약해져서 결국 제국주의 열강들의 먹잇감이 됩니다.

조선은 세계가 어떻게 돌아가는지 알지 못했고, 청나라, 일본, 러시아, 그리고 미국 사이에서 휘둘리다가 일본에 나라를 빼앗길 지경에 이릅니다. 고종 황제는 조선을 차지하려는 강대국들에 꼬투리를 잡히지 않고, 유럽처럼 비밀외교로 조선의 독립을 지켜내려고 했습니다. 하지만 조선의 힘이 너무도 약한 탓에 외교만으로 나라를 살리는 것은 불가능했고, 결국 일본에 나라를 빼앗기게 됩니다.

대한민국의
외교 ─────────

우리나라는 35년간 일본의 식민지였다가 해방 이후 마침내 독립 국가로 새로운 기회를 맞이합니다. 그러나 곧바로 미국과 소련이 세계를 두 진영으로 나누어 경쟁하는 냉전이 시작되었고, 그 와중에 우리나라는 억울하게도 전쟁과 함께 나라가 분단되는 비극을 겪습니다. 우리나라는 독립 국가로 새로운 기회를 누릴 새도 없이 분단과 냉전으로 힘들게 국가를 꾸려가야 했습니다.

냉전시대에 남북은 각각 미국과 소련의 돌격대가 되어서 대부분 기간을 긴장 속에서 보내게 됩니다. 물론 1970년대 냉전이 조금 풀리는 틈을 타서 남북 관계를 개선하려고 노력했지만, 확실한 평화 체제로 이어지지 못한 채 한반도의 위기는 늘 반복되었습니다.

이 시기에 우리나라의 외교는 매우 간단했습니다. 사회주의 진영 대신 자본주의 진영을 선택하고, 한미동맹을 최우선으로 여겼습니다. 냉전시대에는 어쩔 수 없이 외교적으로 편을 가를 수밖에 없었고, 안보를 위해 경제나 다른 것들이 뒤로 밀리는 등 우리나라의 실제적인 국익에는 별로 도움이 되지 않았습니다.

1990년대 초 소련을 비롯한 사회주의 진영의 국가들이 무너지면서 냉전이 끝납니다. 소련이 무너진 후 자연스럽게 미국이 세계를 지배하면서, 안보의 시대가 끝나고 외교와 무역의 시대가 활짝 열립니다. 자원이 부족하고, 지리적으로 불리한 우리나라에 좋은 기회가 찾아온 것입니다. 실제로 냉전 이후 30여 년간 한국은 엄청난 속도로 발전했고, 외교적으로도 그 위상이 높아졌습니다.

하지만 냉전이 끝났다고 국제질서에 변화가 없는 것은 아닙니다. 전 세계 국가들은 국익을 챙기기 위해 바쁘게 움직이고 있으며, 크고 작은 전쟁과 분쟁이 자주 일어나고 있습니다. 특히 미국은 중국이 새로운 도전자로 부상하면서 긴장하고 있으며, 일본은 과거의 영광을 되찾기 위해 군사 대국으로 가는 기회를 호시탐탐 엿보고 있습니다. 그리고 러시아는 미국이 유럽에서 북대서양조약기구NATO의 회원국을 늘리는 것에 반발해 우크라이나를 침공함으로써 힘을 과시하고 있는 상황입니다.

현재 미국은 한국과 일본과의 동맹을 강화하고, 중국은 북한과 러시아의 연대를 강화하고 있습니다. 미국과 중국의 경쟁으로 냉전이 다시 시작되는 것이 아닌지 많은 사람이 걱정합니다. 이처럼 우리 앞에는 큰 문제가 기다리고 있습니다. 우리나라는 과거와 달리 무시하지 못할 정도의 힘과 경제력을 갖추고 있지만, 불행한 역사를 되풀이하지 않도록 그 어느 때보다 뛰어난 외교가 필요한 시기입니다.

김대중 대통령과
우리의 미래

　　　　　　　우리나라 역대 대통령 중에서 외교에
가장 뛰어났던 분은 누구일까요? 대다수 외교 전문가는
김대중 대통령의 외교가 가장 뛰어났다고 말합니다.

　　김대중 대통령은 외교가 얼마나 중요한지 기회
가 있을 때마다 강조했습니다. 한반도는 위치상 강대
국들이 끊임없이 충돌하는 곳이기에 그 속에서 살아남
는 것은 물론이고, 국익을 챙기며 경제적으로 번영하
기 위해서 탁월한 외교가 꼭 필요하다고 힘주어 말했

습니다. 그리고 외교는 우리에게 생명줄과도 다름없는데, 정작 정치인이나 대중 모두 국제질서에 대해 정확한 이해가 부족할 뿐만이 아니라, 관심조차 적다고 자주 안타까워했습니다.

독재 정부로부터 엄청난 탄압을 받고, 다섯 번이나 죽을 고비를 넘기면서도 대한민국의 민주화에 일생을 바쳤고, 네 번의 도전 끝에 대통령의 자리까지 이른 김대중 대통령은 세계인의 존경을 받고 있습니다. 하지만 국제 외교 무대에서의 높은 평가에 비해 국내에서는 끊임없는 오해와 편견에 맞서야 했습니다.

김대중 대통령은 당선된 후 보복이나 정치적인 이념 공세에 맞서지 않았고, 국익을 우선하는 유연한 외교에 집중했습니다. 김대중 대통령은 "절대로 감정적으로 외교를 다루지 말라. 우리 국익이 무엇인지 생각해야 한다. 외교에 있어 중요한 것은 국익뿐이다. 이익이 맞으면 협력하고, 안 맞으면 따지고 대립하는 것이다. 친미니, 반미니, 친일이니, 반일이니 이야기할 필요가 없다"라고 했습니다.

그리고 "한국은 양쪽 두렁 사이를 걷는 소와 같다

면서, 미국과 중국 양쪽 두렁의 풀을 다 먹어야지 어느 한쪽의 풀만 먹는 것은 말이 되지 않는다"라고도 했습니다. 이러한 실용 외교는 그 당시뿐만 아니라, 오늘날 미국과 중국의 갈등이 심해지는 상황에서 한국이 어떤 외교를 해야 하는지에 대한 정답처럼 들립니다.

어떤 이는 미국과 중국 사이에서 왔다 갔다 하지 말고 하나를, 즉 미국을 선택하라고 말합니다. 그러나 한쪽 편만 선택하는 것은 외교가 아니라 전쟁입니다. 냉전도 일종의 전쟁이어서 한국은 한쪽을 선택할 수밖에 없었지만, 지금은 다릅니다. 우리나라가 안보는 미국에, 경제는 중국에 의존하고 있는 상황에서 김대중 대통령이 말한 것처럼 유연하고 실용적인 외교가 필요합니다.

전쟁이 흑백이라면, 외교는 회색으로 비유할 수 있습니다. 전쟁은 적과 싸워서 이기거나 지는 선택밖에 없지만, 외교는 국익을 위해 다양한 선택지가 존재합니다. 전쟁은 적과 친구만 있으며, 적은 무찌르고 친구는 같이 싸워야 합니다. 그러나 외교는 적이라도 국익을 위해서는 협상할 수 있고, 친구라도 국익을 위해서는 치열하게 맞서야만 합니다.

'외교는 51대 49의 예술이다'라는 유명한 격언이 있습니다. 외교 무대에서는 완벽한 승리와 완벽한 패배가 어렵다는 뜻이기도 하고, 치열한 협상을 통해 51을 확보하는 것이 훌륭한 외교라는 뜻도 있습니다.

앞에서 말했던 '고래 싸움에 새우 등 터진다'라는 속담은 강대국에 둘러싸여 중요한 순간마다 전쟁을 겪어야 했던 한반도를 가리키는 것 같습니다. 하지만 우리나라가 적극적인 외교를 통해 국익을 챙긴다면 고래 싸움에 등 터지는 새우가 아니라, 고래 사이에서 자유롭게 헤엄치는 돌고래가 되어서 대한민국의 미래를 활짝 열어갈 수 있을 것입니다.

4장

세계의 외교:
편 가르기와 줄타기

김지운

글 김지운

충남대학교 정치외교학과 교수이며 '사단법인 외교광장' 이사이다. 사람과 사람, 국가와 국가 사이의 상호작용에 대해 폭넓은 관심이 있지만, 주로 미·중 관계, 환경 및 자원 안보와 관련하여 연구하며 가르치고 있다. 미국 사우스캐롤라이나대학교 정치학과에서 박사학위를 받았고, 웹스터대학교에서 10년간 조교수와 부교수로 근무했다. 2013년 가을부터 충남대학교에 근무하며 본교 《사회과학연구》 편집장 등을 역임했고, 현재 평화안보연구소 소장을 맡고 있다. 대외적으로는 한국정치학회 연구이사를 맡은 바 있다.

미국과 중국은
왜 적대할까요?

       우리는 지금 '불확실성의 시대'에 살고 있습니다. '확실한 것은 불확실하다는 것밖에 없다'라는 말도 있습니다. 기후위기로 인한 환경 문제, 식량 부족과 치솟는 물가로 고통받는 국가들, 인종 갈등으로 인한 전쟁과 떠도는 난민들, 그리고 늘어나는 비민주적 국가들까지. 이 모든 게 서로 얽혀 있습니다.

       설상가상으로 미국과 중국의 경쟁 또한 격화되고 있습니다. 이 두 국가의 갈등과 대립이 오랜 기간 계속

될 것은 확실해 보입니다. 미국 정부는 중국을 국제질
서를 바꿀 의도와 힘을 가진 유일한 경쟁자로 규정해
놓았습니다. 러시아가 우크라이나와 전쟁을 벌이고 있
음에도 불구하고, 러시아보다 중국을 더 신경 쓰고 있
습니다.

　미국은 중국을 왜 이렇게 적대할까요? 아마도 그
이면에는 중국에 대한 불신과 불만, 그리고 불안이 있
는 것 같습니다. 중국공산당이 권력을 독점하고 인권
을 탄압하는 것에 대한 불신, 가성비 좋은 '메이드 인
차이나' 제품 때문에 미국 기업들이 문을 닫고 노동자
들이 일자리를 잃게 되었다는 불만, 그리고 무엇보다
중국이 미국의 국력을 따라잡을 것이라는 불안 등이
공존하고 있습니다.

　그러나 이러한 미국의 불안은 많이 부풀려진 것
같습니다. 인권 문제만 하더라도 미국도 국익을 위해
서라면 언제든지 인권을 저버리기 때문입니다. 예를
들어 미국은 인권 문제와 관련해서 중국 정부의 위구
르족 탄압을 자주 비판합니다. 그러나 2002년 위구르
족 독립운동 조직인 '동투르키스탄 이슬람운동'을 테

러단체 목록에 올립니다. 왜냐하면 이라크 침공에 중국의 협조 또는 묵인을 얻고자 했기 때문입니다. 미국은 2020년이 되어서야 해당 조직을 테러단체 목록에서 내립니다.

이러한 사례는 또 있습니다. 미국의 조 바이든 대통령은 왕정(王政)을 비판한 언론인을 암살한 배후로 사우디아라비아 왕세자를 지목하며, 국제사회에서 사우디아라비아가 '왕따'를 당해야 한다고 목소리를 높였습니다. 하지만 급등한 석유 가격을 내리기 위해 사우디아라비아를 직접 방문해 석유를 더 많이 생산해달라고 요청하기도 했습니다.

그리고 중국산 제품에 대한 미국의 불평도 한쪽으로 치우친 듯 들립니다. 왜냐하면 미국 소비자들은 값싼 중국산 제품 덕분에 적은 돈으로 많이 살 수 있는, 즉 '실질소득'이 증가하는 효과를 누리고 있기 때문입니다. 만약 중국산 제품에 대한 관세가 높아지면, 미국의 각 가정은 한해 거의 1,300달러(한화 약 170만 원)의 손해를 볼 거라는 계산도 있습니다.

국력에 있어 중국이 미국을 머지않아 앞지를 거

라는 불안 역시 근거가 부족합니다. 미국과 중국의 군사력을 비교할 때 미국의 국방비는 중국의 최소 2.7배이고, 핵탄두 보유 수는 2.5배나 됩니다. 경제력에서도 중국의 국내총생산은 미국의 72퍼센트 수준에 불과하고, 중국인 1인당 평균 소득은 미국인의 17퍼센트밖에 안 됩니다. 더구나 10여 년만 지나면 중국에서 65세 이상 인구 비율이 20퍼센트까지 높아져서 초고령사회로 진입한다고 합니다. 그 기간에 중국의 노동력은 9퍼센트 감소하지만, 미국의 노동력은 5퍼센트 증가할 것으로 전망하고 있습니다.

　미국은 부풀려진 불안을 안고 '중국 위협론'을 주장하며 분주히 자기편을 늘리고 있으며, 중국도 이와 비슷하게 대응하고 있는 상황입니다. 현재 미국과 중국이 기술과 자원을 중심으로 편을 가르고 있다는 점도 주목할 필요가 있습니다.

미국과 중국의
편 가르기

　　미국과 중국은 이해 관계가 일치하는
국가들과 지역별로 협력 기구를 만들어서 공동으로 움
직이고 있는데, 이러한 현상을 '블록화(진영화)'라고
부릅니다. 블록화는 안보와 경제, 기술과 자원을 기준
으로 나눌 수 있는데, 대표적으로 어떤 기구들이 있는
지 살펴보겠습니다.

　　미국이 중국을 견제하기 위해 가장 공들인 안보
협의체는 바로 '쿼드Quad'입니다. 쿼드는 미국·일본·호주·인도 4개국이 참여하기에, 숫자 4를 뜻하는 쿼드라고 부릅니다. 2004년 인도양에서 지진으로 초대형 쓰나미가 발생해 23만 명을 삼켜 버린 후 복구 작업을 논의하면서 시작되었습니다. 2021년 바이든 대통령이 취임한 후 쿼드를 정상급 회담으로 격상시키며, 중국에 대비하는 모습을 보였습니다.

쿼드 이외에도 바이든 대통령은 중국을 견제하기 위해 '오커스**AUKUS**'를 설립했습니다. 오커스는 호주·영국·미국의 첫 글자를 모아서 만든 말입니다. 오커스의 첫 협력 사업은 호주가 핵잠수함을 개발하도록 돕는 것인데, 미국이 타국에 핵잠수함 기술을 제공하는 것은 1958년 영국에 넘겨준 이후 63년 만이라고 합니다.

중국도 러시아와 함께 안보 협의체를 꾸려오고 있는데 바로 2001년에 설립한 '상하이협력기구**SCO**'입니다. 상하이협력기구는 중국과 인접한 8개국으로 이루어져 있으나, 현재 중국은 그 규모를 키우려고 노력하는 중입니다. 2022년 상하이협력기구의 '대화 파트너'로 이집트, 카타르, 사우디아라비아가 추가됐고, 2023년에는 이란이 정식 회원국으로 승인되었습니다.

상하이협력기구는 지역의 안정을 목표로 하고 있지만, 실제로는 미국을 비롯한 서방 국가에 대항하는 세력으로 커나가고 있습니다.

미국과 중국은 안보뿐만 아니라 경제적으로도 자기편을 만들기 위해 분주합니다. 미국과 중국이 중심이 되는 경제 기구도 알아보겠습니다.

바이든 대통령은 미국과 인도·태평양 국가들과의 경제 관계를 공고히 하고, 미국의 리더십을 재건하고자 2022년에 '인도·태평양경제프레임워크IPEF'라는 것을 만듭니다. 하지만 이는 중국을 견제하기 위한 것입니다. 왜냐하면 중국은 이미 2020년에 아시아·태평양 국가들과 '역내포괄적경제동반자협정RCEP'을 통해 무역 규칙을 새롭게 세워나가는 중이기 때문입니다.

중국은 이외에도 '브릭스BRICS'를 통해 세력을 불리고 있습니다. 브릭스는 브라질·러시아·인도·중국·남아프리카공화국의 앞 글자를 딴 말입니다. 브릭스는 선진국이 아닌 새롭게 떠오르는 국가들의 모임이라고 할 수 있습니다. 중국은 브릭스의 회원국을 확대하기 위해 2022년 브릭스 정상회담을 개최하면서 13개국을 추가로 초대하기도 했습니다. 이러한 중국의 노력으로 23개국이 브릭스 가입을 희망하고 있습니다.

그리고 중국의 '일대일로' 사업도 빼놓을 수 없습니다. 일대일로는 '하나의 띠, 하나의 길'이라는 뜻입니다. 중국은 장기적으로 중앙아시아와 유럽을 연결하는 육상 실크로드와, 동남아시아와 인도를 거쳐 유럽과 아프리카를 연결하는 해상 실크로드를 완성하려고 합니다. 일대일로 사업이 성공하면, 중국을 중심으로 하는 거대한 경제 체제가 완성될 것입니다. 중국 언론은 지난 10년간 일대일로 사업에 세계 151개국이 참여했고, 약 76조 원이 투자되었다고 합니다.

마지막으로 기술 및 자원과 관련한 협력 기구에 대해서도 알아보겠습니다. 첨단기술이 국가 간 경쟁에 큰 영향을 미치고 있는 시대입니다. 현재 미국은 경제와 안보의 핵심이 기술임을 강조하며, 미래 산업의 핵심 부품인 반도체를 안정적으로 생산하고 공급하는 생태계를 만들기 위해 미국, 한국, 대만, 일본 4개국을 묶은 반도체 동맹인 '칩4CHIP4'를 2023년부터 추진하고 있습니다.

기술과 더불어 자원도 국제질서에 매우 중요한 변수가 되었습니다. 석유와 천연가스와 같은 화석연료 이외에도, 미래 산업에 쓰이는 핵심 광물의 안정적인 공급이 주요한 외교 의제로 등장했습니다. 핵심 광물은 특정 국가나 지역에 치우쳐 있고, 화석연료와 비교하면 매장량도 적은 편입니다. 또한 핵심 광물을 채굴하거나 가공하는 국가도 제한되어 있습니다. 반면 핵심 광물의 세계 수요는 향후 몇 년 내 400~600퍼센트 가까이 폭증하리라 예상됩니다. 특히 전기차 배터리에 필요한 리튬의 수요는 무려 4,000퍼센트나 증가할 것으로 추정됩니다. 이에 미국은 2022년 핵심 광물을 안정적으로 공급하기 위해 위해 '핵심광물안보파트너십MSP'을 꾸렸습니다. 여기에는 미국과 한국 그리고 유럽연합EU을 포함한 13개국이 참여하고 있습니다.

이것도 역시 중국에 대응하려는 성격이 큽니다. 예를 들어 핵심 광물 중 태양광 전지, 풍력 터빈, 전기차 등에 두루 쓰이는 '희토류'는, 전 세계 매장량의 3분의 1 이상이 중국에 묻혀 있습니다. 그리고 미국에서 사용하는 희토류의 70퍼센트는 중국에서 수입합니다. 중국은 희토류를 중요한 전략 자원으로 분류하고, 미국이 대만에 미사일을 배치하려거나 중국 기업을 제재할 때 희토류 공급을 중단하려는 움직임을 보여주곤 했습니다. 이러한 사례들로 중국이 자원을 무기화한다는 우려도 있습니다.

이처럼 미국과 중국은 세계의 패권을 차지하기 위해 정말 쉴 틈 없이 움직이고 있습니다. 미국과 중국의 편 가르기로 세계는 두 진영으로 양분되어 가는 듯합니다. 그렇다고 해서 미국과 중국 어느 한쪽만 선택할 필요는 없습니다. 다음에는 미국과 중국 사이에서 이익을 챙기는 베트남과 인도의 '줄타기 외교'를 알아보겠습니다.

베트남의
줄타기 외교

2022년 교역(수출과 수입)에 있어 한국에 최대 흑자를 안겨 준 국가는 베트남입니다. 한국과 베트남의 교역액은 이제 한국과 일본의 교역액을 넘어섰습니다. 현재 베트남에 진출한 한국 기업은 8,800여 개에 이릅니다. 베트남 수출의 약 30퍼센트는 현지에 있는 한국 기업이 생산한 제품이라고 합니다.

1992년 한국과 수교한 베트남은 30년 만에 한국의 가장 중요한 경제 파트너 가운데 하나가 되었습니다. 그러나 베트남과의 관계가 항상 좋았던 것은 아닙니다. 한국은 미국과 함께 1964~1973년까지 '베트남 전쟁'에 군인을 파병했습니다. 수많은 사람이 죽거나 다쳤는데, 한국군은 베트남 양민을 학살하고 그들의 인권을 짓밟기도 했습니다. 한국은 베트남에 대한 마음의 빚을 지고 있습니다.

1995년 베트남은 미국과도 국교를 정상화하고, 2013년에는 워싱턴에서 정상회담을 열고 외교와 경제 분야에서 협력하는 '포괄적 동반자 관계'를 맺습니다. 그리고 2015년에는 수교 20주년을 맞아 베트남 권력 서열 1위인 공산당 서기장이 미국을 방문했고, 2023년 9월에는 바이든 대통령이 베트남을 방문하기도 했습니다.

국교가 정상화된 후 지금까지 양국의 교역액은 약 250배나 늘었습니다. 전쟁이 끝나고 반세기가 지난 지금 베트남의 최대 수출국은 바로 미국입니다. 양국은 외교와 경제를 넘어 안보 분야에서도 협력하고 있습니다. 베트남은 미국으로부터 한 척당 가격이 우리 돈으로 5,000억 원이 넘는 해안 경비정을 이미 두 차례나 무상으로 들여왔습니다. 그리고 지금까지 세 차례나 미국의 항공모함을 자신의 항구에 입항시켰습니다.

베트남이 전쟁의 상흔을 뒤로하고 미국에 다가간 이유는 무엇일까요? 자국의 경제를 재건하기 위해 그리고 무엇보다 중국의 안보 위협에 공동으로 대응하기 위해 미국이 필요했습니다.

베트남과 중국은 역사적으로 좋은 관계는 아니었습니다. 베트남은 기원전 111년부터 938년까지 일부 기간을 제외하고 1,000년 넘게 중국에 지배당했고, 중국과 국경이 붙어 있어서 현대에도 잦은 분쟁을 겪었습니다. 예를 들어 1979년 베트남과 중국 사이에서 벌어진 전쟁으로 약 3만 명의 베트남군이 전사했고, 이후 10년간 양국의 국교가 단절됩니다. 1988년에는 남중국해(베트남의 동해) 섬들을 둘러싸고 베트남과 중국이 교전을 벌이기도 했습니다. 이 섬들을 둘러싼 해양 영토분쟁은 여전히 진행 중입니다.

이러한 갈등이 있지만, 베트남이 중국을 무조건 적대시하는 것은 아닙니다. 오히려 베트남은 안보와 경제적인 차원에서 양국 간 긴장이 격화되지 않도록 잘 관리해 오고 있습니다. 1991년 베트남은 유일한 우방이었던 소련이 붕괴하자 곧바로 중국과 다시 국교를 정상화하여 중국의 위협을 완화하고 경제 교류를 늘립니다. 2019년 베트남은 10년 만에 펴낸 국방백서를 통해 미국과의 군사협력을 허용하되 동시에 중국과의 군사협력을 강화한다고 명시하고 있습니다.

그리고 교역액만 따지면, 베트남의 최대 경제 파트너는 미국이 아니라 중국입니다. 베트남의 최대 수출국은 미국이지만 최대 수입국이 중국이며, 베트남의 중국 수입액이 미국보다 8배 이상 많기 때문입니다. 수입되는 중국산 부품들은 베트남의 수출품 생산에 꼭 필요합니다. 물론 베트남은 코카콜라, 나이키, 인텔, 마이크로소프트 등 미국 기업뿐만 아니라 샤오미와 고선하이테크 등 중국 기업의 투자도 받고 있습니다.

참고로 2022년 중국의 시진핑 주석이 공산당 총서기로 3연임에 성공한 직후 가장 먼저 만난 해외 정상은 베트남 서기장이었습니다. 양국은 이러한 정상회담을 통해 사회주의 국가라는 체제의 유사성을 강조하고 미국 등 서구의 비판에 공동으로 대응하며 결속을 다지는 모습을 보여주고 있습니다. 2023년 중국의 수도 베이징을 둘러싸고 있는 허베이성과 베트남의 수도 하노이시를 연결하는 2,700킬로미터의 철로 위를 화물열차가 달리기 시작했는데, 이는 오늘날의 양국 관계를 상징적으로 보여주는 장면이라 하겠습니다.

한편 베트남은 소련을 계승하는 러시아와의 관계도 계속 이어가고 있습니다. 미국과 중국을 동시에 견제하기 위한 전략적인 접근이자 무기, 에너지, 자원 등의 부문에서 러시아의 도움을 챙기려는 실리적인 행보라고 할 수 있습니다. 베트남이 2000~2020년 사이 구매한 군사 장비의 80퍼센트 이상은 러시아산입니다. 그 가운데는 전투기와 잠수함도 있습니다. 또한 베트남은 남중국해에서 러시아와 가스전을 공동으로 개발하고 있습니다. 외교적으로 베트남은 이미 10여 년 전인 2013년 미국과 현재 맺고 있는 관계보다 격이 높은 '포괄적 전략적 동반자 관계'를 러시아와 맺었습니다. 그리고 러시아-우크라이나 전쟁이 발발한 이후에도 러시아에 대한 국제사회의 제재에 반대하고 있습니다.

2016년과 2021년 베트남의 응우엔 푸 쫑 서기장은 "베트남 사람들과 함께해 온 대나무는 뿌리는 단단하지만 가지는 유연하다. 베트남은 대나무처럼 어느 한쪽에 치우치지 않는 독립적이고 탄력적인 외교를 통해 국익을 극대화하겠다"라고 말한 바 있습니다.

베트남은 미국과 중국을 상대로 전쟁을 치렀지만, 베이징에서 자국 총리가 시진핑 주석을 만나는 동안 워싱턴에서는 미국과 고위급 회담을 하는 나라가 되었습니다. 그리고 미국의 항공모함을 자신의 해군 기지에 정박시키면서, 러시아로부터 원자력발전에 대한 지원도 얻어냅니다. 미·중·러 사이에서 줄타기를 통해 그들과 상호관계를 발전시키고 국익을 좇으며, 실로 '대나무 외교'를 화려하게 펼치고 있습니다.

인도의
줄타기 외교

현재 세계에서 인구가 가장 많은 나라는 중국이 아니라 인도입니다. 인도는 세계에서 일곱 번째로 국토가 큰 나라이고, 국내총생산은 세계 5위입니다. 그리고 세계 최대의 무기 수입국이기도 합니다.

인도는 어느 나라에서 무기를 가장 많이 수입할까요? 지금은 프랑스입니다. 그러나 인도는 전통적으로 러시아로부터 많은 무기를 수입해 왔습니다. 오늘날 인도가 지닌 무기의 절반이 러시아산이라고 합니다.

2018~2022년 사이 인도가 수입한 무기의 45퍼센트는 러시아산이고, 미국산은 단지 11퍼센트밖에 안 됩니다.

인도의 러시아 사랑(?)은 오래전으로 거슬러 올라갑니다. 인도는 1947년에 영국으로부터 독립하자마자, 함께 싸웠던 파키스탄과 제1차 인도-파키스탄 전쟁을 시작합니다. 힌두교(인도)와 이슬람교(파키스탄) 사이의 종교 갈등이자 둘 사이 놓인 카슈미르라는 지역을 놓고 벌인 영토분쟁이기도 했습니다. 이때 강대국 가운데 인도 편이 되어준 유일한 나라가 러시아—당시 소련—이었습니다.

미국은 소련이 인도에 무기를 팔고 인도와 '우호협력 조약'을 맺자, 1971년 제3차 인도-파키스탄 전쟁 때 파키스탄을 지원하고자 인도양으로 함대를 파견합니다. 하지만 소련이 핵잠수함으로 그 항로를 막아 버립니다. 이에 미국은 소련에 함께 맞서고자 중국과의 관계를 개선하려고, 모택동 주석과의 정상회담을 진행합니다. 인도와 파키스탄만의 문제가 아니라, '인도·소련 대 파키스탄·중국·미국'의 구도가 된 것입니다.

이러한 역사 덕분에 1979년 소련이 아프가니스탄을 침공했을 때, 그리고 2014년 러시아가 크림반도를 합병했을 때 인도는 이에 대한 국제사회의 비난에 동참하지 않았습니다. 게다가 2022년 러시아가 우크라이나를 침공했을 때조차 그러한 행위를 규탄하는 국제연합의 결의안에 기권표를 던졌습니다. 심지어 인도는 미국 등 서구의 제재로 판로가 막힌 러시아산 석유를 싼값에 대량으로 수입하기 시작합니다. 세계 3위의 석유 소비국인 인도는 필요한 석유의 87퍼센트 이상을 수입에 의존하는데, 러시아가 최대 수입원이 된 것입니다. 현재 인도의 석유 수입량의 약 20퍼센트는 러시아산입니다. 2021년만 하더라도 러시아산의 비중이 2퍼센트에 지나지 않았던 것과 비교하면 큰 변화라 할 수 있습니다.

그런데 인도의 최대 수입국이자 세 번째로 큰 수출국은 중국입니다. 인도로 수입되는 물건의 15퍼센트 이상은 중국산으로 미국산의 두 배가 넘습니다. 인도는 현재 중국과 국경 분쟁을 벌이면서도 동시에 교역을 확대하고 있습니다. 더불어 인도는 앞에서 설명한 중국 주도의 상하이협력기구와 브릭스의 일원이기도 합니다.

물론 인도가 중국을 신뢰하는 것은 아닙니다. 오히려 너무 커버린 중국을 우려하고 있습니다. 중국이라는 강대국을 견제하기 위해 인도는 2014년 나렌드라 모디 총리가 당선된 후부터 미국에 적극적으로 다가가기 시작했습니다. 자신의 숙적 파키스탄을 지원했던 미국에 대한 불신이 사라지지는 않았지만, 현재 인도는 미국과 함께 쿼드의 한 축으로 인도양과 괌 근처에서 합동 군사훈련을 하고 있습니다. 2023년 미국을 국빈 방문한 모디 총리는 바이든 대통령과의 정상회담을 통해 '제너럴 일렉트릭GE'의 전투기 엔진을 인도 현지에서 생산하고, 미국의 드론을 인도에 판매한다는 군사 협력을 얻어내기도 했습니다.

이러한 인도의 행보는 미국이 끌어낸 것이기도 합니다. 미국은 인도가 자신의 패권 경쟁자인 중국에 함께 맞서고, 러시아로부터 구매하는 무기를 줄이는 것을 원하기 때문입니다. 그러나 인도는 중국과 경제 관계를 발전시키고 안보 이슈를 논의해 오고 있으며, 무엇보다 러시아를 절대 버리지 않고 있습니다.

예를 들어 인도는 2021년 미국의 경고를 무시하고 러시아로부터 미사일을 도입한 바 있습니다. 같은 해 모디 총리는 수도 뉴델리에서 러시아의 블라디미르 푸틴 대통령과 만나 군사기술 협정을 체결하기도 합니다. 러시아-우크라이나 전쟁 발발 후 러시아산 석유 수입을 늘렸을 뿐만 아니라, 2022년에는 러시아가 4년마다 주관하는 대규모 군사훈련에도 참여했습니다.

인도의 초대 총리 자와할랄 네루는 1948년 국회 연설에서 이렇게 말했습니다.

"누군가 주도하는 한 진영에 속한다는 것은 무엇을 말하는가? 이것이 의미하는 것은 결국 하나다. 사안에 대한 자신의 견해를 포기하고 그저 타인을 기쁘게 하고자 그의 견해를 따르는 것. 여기 모인 의원 여러분께 부탁한다. 모든 사안을 먼저 인도 국익의 관점에서 보시라. 우리의 외교 정책은 거대 진영과 거리를 두되 모든 나라에 친절히 대하는 것이라고 누차 말해 왔다.

우리를 갈등에 끌어들일 수 있는 어떠한 동맹에 엮이지 않고도 많은 나라와 친밀한 관계를 발전시킬 수 있다."

이 멋진 연설의 제목은 '우리가 우리를 이끈다'입니다. 이처럼 인도는 동맹을 피하고 가능한 많은 나라와 관계를 맺으며, 국익을 챙기는 외교를 하고 있습니다.

국익과
가치 사이에서

베트남, 인도의 사례를 통해 여러 국가와의 관계 속에서 선택지를 넓히고 국익을 키우려는 모습을 엿보았습니다. 이외에도 다수의 국가가 국익에 따라 미·중, 미·러, 또는 미·중·러 사이에서 줄타기를 하고 있습니다.

예를 들어 약 3,000명의 미군이 주둔하고 있는 사우디아라비아는 미국으로부터 170억 달러 치 무기를 수입하고 있습니다. 중국산 무기 수입액의 73배에 이

룹니다. 그러나 사우디아라비아의 최대 교역국은 중국입니다. 중국과의 교역은 미국과 비교해서 3배 이상 큽니다. 한편 사우디아라비아는 중국이 주도하는 상하이협력기구에 합류하기도 했습니다.

냉전시대에 소련을 견제하기 위해 만들어졌고 지금은 러시아를 견제하고 있는, 미국을 주축으로 한 32개국 군사동맹인 북대서양조약기구(나토)의 회원국인 튀르키예의 최대 교역국은 러시아입니다. 2022년 튀르키예와 러시아의 교역량은 2021년보다 2배나 증가했습니다. 튀르키예가 인도처럼 러시아-우크라이나 전쟁 시작 후 러시아산 석유 수입을 늘렸기 때문입니다. 튀르키예의 레제프 타이이프 에르도안 대통령은 2022년 7월에는 이란에서, 8월에는 러시아에서, 그리고 10월에는 카자흐스탄에서 러시아의 푸틴 대통령과 연이어 만나기도 했습니다.

다른 나라의 사례들도 살펴보겠습니다. 미국의 아시아 동맹 가운데 하나인 필리핀의 마르코스 주니어 대통령은 2023년 5월 미국을 방문하기에 앞서 1월 중국을 먼저 방문해 시진핑 주석과 정상회담을 가졌습니다.

매년 미국과 군사훈련을 실시하는 인도네시아의 조코 위도도 대통령은 2022년 바이든, 푸틴, 시진핑, 그리고 우크라이나의 볼로디미르 젤렌스키 대통령을 모두 만난 몇 안 되는 지도자 가운데 한 명입니다.

지리적으로 또는 전통적으로 '미국의 뒷마당'으로 불리는 브라질의 루이스 이나시우 룰라 다 시우바 대통령은 브라질이 가지고 있는 옛 무기를 우크라이나에 공급해 주면, 새 무기를 주겠다는 서방의 제안을 거절하고 중국을 방문해 "미국은 전쟁을 부추기지 말고 평화를 논하라"라고 일갈하기도 했습니다.

지금은 진영에 따라 '편 가르기'를 하는 냉전시대가 아닙니다. 많은 나라가 각자의 국익을 위해 움직이고 있는 시대입니다. 영국의 시사주간지 〈이코노미스트〉에 따르면, 러시아-우크라이나 전쟁이 러시아의 일방적인 침공으로 시작되었음에도 전 세계적으로 반러시아 국가는 52개국(세계 인구의 15퍼센트)에 불과하고, 약 127개국은 친러시아나 반러시아 그 어느 쪽에도 속한다고 보기 어렵다고 합니다.

그런데 앞에서 소개한 줄타기 국가들이 외교에는 능숙하지만, 국내적으로는 비민주적인 부분이 많은 편입니다. 인도의 모디 총리는 2002년 힌두교도들이 국내 이슬람교도 수천 명을 학살할 때 방조했으며, 언론의 자유도 탄압하고 있다는 평가를 받고 있습니다. 사우디아라비아는 여전히 민주주의가 없는 왕정 국가이며, 2018년에 비로소 여성들에게 운전면허증을 발급하기 시작했습니다. 필리핀의 마르코스 주니어 대통령은 시민 혁명으로 쫓겨난 독재자인 아버지의 잘못에 침묵하고 있습니다.

우리나라가 국익을 위해서 이러한 국가들과 관계를 발전시키고자 할 때, 그들의 비민주적인 행위를 무조건 모르는 척하는 것이 좋을까요? 아니면 어떤 식으로든 목소리를 내는 것이 좋을까요? 대답하기 어려운 질문입니다. 우리나라는 오랜 기간 이어진 군사독재를 시민들의 희생과 노력으로 극복하고, 민주주의를 실현한 국가입니다. 우리나라가 앞으로 더 발전하고 세계적인 영향력이 커질수록, 국익과 가치 가운데 신중한 줄타기를 해야 할 수도 있습니다.

5장
미래의 외교

민경태

글 민경태

통일부 국립통일교육원 교수로 재직 중이며 북한경제 및 개발협력 분야를 담당하고 있다. 대통령직속 정책기획위원회 위원, 북방경제협력위원회 전문위원, 북한연구학회 이사, 민주평화통일자문회의 자문위원을 역임했다. 삼성물산 건설부문에서 해외 프로젝트를 관리했으며, 삼성전자에서 대표이사 부회장실, 글로벌 협력, R&D 기획, 벤처투자 업무를 수행했다. 연세대학교 건축공학 학사 및 도시설계 석사, 영국 옥스퍼드대학교 MBA, 북한대학원대학교 북한학 박사학위를 받았다. 박사학위 논문은 「서울~평양 네트워크 경제권 구축을 통한 한반도 성장전략 구상」이며, 주요 저서로는 『서울 평양 메가시티』 『서울 평양 스마트시티』가 있다.

과연 국가가 사라질 수 있을까요?

미래에 외교는 어떻게 변화될까요? 어떤 국제정치학자들은 앞으로 국가의 개념이 사라지고 전쟁 역시 자연스럽게 사라질 것이라고 주장합니다. 만약 전쟁이 일어나지 않는다면, 전쟁을 방지하는 수단인 외교도 필요 없다고 생각할 수 있겠지요. 그런데 실제로 국가가 사라질 수 있을지에 대한 의견은 분분합니다. 현재 세계적으로 자기 나라만 잘 살고 보자는 국가주의가 더 강해지는 것처럼 보입니다. 이러한 상황에서 과연 국가가 사라지거나 외교의 필요성이 낮아질 수 있을까요?

세계화의 파도가 몰아치던 2000년대에는 앞으로 국가 간의 경계가 점점 희미해질 것이라고 예상하는 사람들이 있었습니다. 몇몇 학자들은 세계화와 기술 발전으로 인해 국가의 힘이 약해질 것이라고 말했습니다. 즉 다국적 기업이나 국제기구와 같은 비국가적 조직이 더욱 중요하게 될 것이라는 예측이었습니다. 일본의 경제학자 오오마에 겐이치는 그의 저서 『국가의 종말』에서 국경을 초월하는 세계화 시대에 경쟁하려면 국가가 아니라 지역 또는 도시가 가장 적합한 단위라고 주장하기도 했습니다.

반면 다른 학자들은 국가가 여전히 핵심적인 역할을 맡는다고 보았습니다. 단지 세계화로 인해 국가들이 서로 의존하는 현상이 깊어지면서, 국가 간의 관계를 변화시키는 것처럼 보인다고 해석했습니다. 만약 국가의 역할과 영향력이 변화된다면 전통적인 외교의 의미나 방식도 바뀔 수 있을 것입니다. 하지만 최근 국제정치의 여러 사례를 살펴보면 국가의 중요성이 오히려 강화되고 있는 것으로 보입니다.

예를 들어 2014년부터 시작된 러시아와 우크라이나의 분쟁은 국가의 중요성을 다시 돌아보게 만드는 사건입니다. 러시아가 우크라이나의 크림반도를 강제로 합병해 러시아의 영토로 만든 이후 국제사회는 국가 간의 경계와 국가의 주권을 침해하지 말아야 한다는 원칙을 다시 한번 강조하게 되었습니다. 하지만 국제사회의 중재에도 불구하고, 2022년 러시아가 우크라이나를 침공하면서 전쟁으로 확대되었습니다. 오늘날에도 여전히 국가의 주권과 국경이 국제정치에서 중요하다는 점을 보여주는 사례입니다.

또한 2016년 영국은 국민투표를 통해서 유럽연합에서 탈퇴하는 '브렉시트Brexit'를 결정했습니다. 이것은 국가의 독립성과 국경의 중요성을 강조하는 또 다른 사례로, 국민들이 국가를 더욱 자주적으로 지키려는 의지를 반영함으로써 세계화의 방향과는 명백히 반대되는 길을 택했습니다. 아울러 코로나19의 확산은 국가 간의 경계를 더욱 뚜렷하게 만드는 계기가 되었습니다. 많은 국가가 입국 제한과 격리 조치 등을 통해 국경을 강화했고, 국민의 안전을 보장해 주는 국가의 역할을 사람들이 다시 깨닫게 되었습니다.

그리고 미국의 외교 정책 변화는 세계화에도 불구하고 국가가 여전히 국제정치의 중심에 있음을 알게 해 줍니다. 2016년 트럼프 행정부가 들어서면서 미국은 세계보건기구WHO에서 중국의 역할에 대해 비판했으며, 2020년에는 결국 세계보건기구에서 탈퇴했습니다. 또한 세계무역기구WTO에 대해서도 불만을 제기하며 기능을 약화시켰습니다. 이러한 미국의 행동은 국제기구를 통한 국가 사이의 협력보다 자국의 이익을 최우선으로 하는 정책을 추진하는 것으로 해석됩니다.

최근 미국과 중국 사이에 패권 경쟁이 심화되면서, 미국은 중국이 첨단기술을 활용하지 못하도록 공급망을 분리하는 정책을 추진하고 있습니다. 이러한 방향은 그동안 미국이 주도적으로 추진해 왔던 자유무역이나 세계화와는 반대되는 것입니다. 즉 여전히 국가의 역할이 중요하고 미래에도 당분간 국가의 영향력이 크리라는 것을 예상할 수 있습니다.

이러한 사례들을 살펴보면 세계화의 추세 속에서도 국가의 중요성이 여전히 크다는 것을 확인할 수 있습니다. 국가라는 개념은 우리 사회에 깊숙이 뿌리내리고 있으며, 게다가 국가가 없어지면서 발생하게 될 혼란과 불안을 완화할 수 있는 새로운 제도나 기구도 아직 준비되지 않았습니다.

　　세계가 점점 하나가 되어가면서 국가의 힘이 약해지는 세계화, 그리고 국가의 힘이 가장 우선시 되는 국가주의, 이 두 가지 상반된 힘의 작용 사이에서 미래의 외교는 어떠한 방향으로 나아갈까요? 과연 미래의 외교는 어떻게 변화될 것인지, 새로운 가능성과 잠재력을 함께 생각해 보겠습니다.

다자외교와 ─────
비정부기구의 역할 ─────

        외교의 본질적인 목적은 국가의 이익을 극대화하고, 국가 간의 갈등을 최소화하는 데 있습니다. 이를 위해 전통적인 외교는 국가 간의 관계에 중점을 두고 있습니다. 하지만 국가 이외의 다양한 주체들이 국제 무대에서 점점 중요한 역할을 하게 되면서, 새로운 형태의 외교가 확산되고 외교의 패러다임과 전략도 변화하고 있습니다.

        주목할 만한 변화 중 하나로 '다자외교'가 있습니

다. 다자외교는 여러 국가가 함께 공통의 문제를 논의하고 해결하기 위한 협력적인 외교 방식입니다. 기후위기, 인권, 전염병 등 국가의 경계를 넘어서는 문제들이 늘어나면서 다자외교의 필요성과 중요성이 더욱 주목받고 있습니다. 그리고 다양한 국제기구에서 기후위기와 같은 세계적인 문제에 대해 공동으로 대응하는 공간을 제공하기 때문에, 이를 통해 서로 연대하고 공동의 목표를 추구할 수 있습니다.

또한 비정부기구의 역할이 확대되면서 국제사회에서 점점 중요한 위치를 차지하게 된 것도 중요한 변화 중 하나입니다. 인권, 환경, 개발 등 다양한 분야에서 비정부기구는 국제정치에 큰 영향력을 미치고 있습니다. 따라서 여러 국가가 비정부기구와 협력하거나 대화를 유지하려고 노력하고 있습니다. 예를 들어 '국제앰네스티Amnesty International'나 '국제인권감시기구 Human Rights Watch'와 같은 비정부기구는 인권 문제에 대한 국제적인 인식을 높이는 데 중요한 역할을 하고 있습니다. 이들은 인권과 관련된 정보를 수집하고 공개함으로써, 특정 국가들의 인권침해 사례를 규탄하고 이를 개선하기 위해 국제사회가 압박할 수 있도록 도와줍니다.

외교는 국가 간 소통의 수단이자 갈등을 최소화하고 이해관계를 조율하는 과정입니다. 세상이 변하더라도 이러한 역할은 여전히 중요할 것입니다. 하지만 최근의 변화를 살펴보면 외교가 단순히 국가 간 문제를 관리하는 것에서 벗어나, 국가를 초월한 다양한 사안을 관리하고 대응하는 데까지 역할이 확대되고 있음을 알 수 있습니다. 국가 간의 전통적인 외교와는 다른 방식이지만 비정부기구, 다자외교, 공공외교, 민간외교 등 여러 형태의 새로운 외교가 확산되고 있습니다. 이렇게 다양한 방식의 외교는 국가뿐만 아니라, 국제사회의 여러 주체가 참여할 수 있는 공간을 제공합니다.

이처럼 외교의 주체들이 늘어나면서 국제관계는 점점 복잡하고 다양하게 발전하고 있습니다. 그 방향을 잘 생각해 보면 미래의 외교에 대한 중요한 힌트를 얻을 수 있지 않을까요? 우리는 항상 이러한 변화를 인식하고 준비할 필요가 있습니다. 새로운 형태의 외교를 이해하고, 다양한 주체와 협력하며, 자국의 이익만이 아니라 세계 평화를 위한 공통의 전략을 수립하는 것이 미래의 외교에서 중요한 과제가 될 것입니다. 따라서 미래에는 외교의 형태와 방식이 진화하면서 새로운 주체들이 국제사회에서 더욱 비중 있는 역할을 할 수도 있습니다.

기술 발전은 외교에 어떤 영향을 미칠까요?

　　　　　　　　다른 한편으로 우리가 주목해야 할 것은 기술의 발전이 미래의 외교에 어떤 영향을 미칠지에 대한 문제입니다. 4차 산업혁명 시대를 맞아 인공지능, 빅데이터, 블록체인 등 혁신적인 기술이 가져오게 될 변화를 생각해야 합니다. 이러한 기술들은 기존의 국제관계와 외교 전략에 광범위한 영향을 줄 것입니다. 만약 이러한 변화에 우리가 잘 대비한다면 외교 능력을 강화할 수 있을 뿐만 아니라, 국제적 영향력을 증대시키는 기회를 얻을 수 있습니다.

　기술 발전으로 인해 이전에는 알 수 없었던 정보들이 알려지고 그 정보들을 활용할 수 있게 되면서, 국가 간의 외교 방식도 변했습니다. 기존의 외교는 주로 공개되지 않은 곳에서 이루어졌기 때문에 세부적인 진행 과정이나 교섭 내용은 국민에게 잘 알려지지 않았습니다. 그러나 기술의 발전으로 인해 국제사회에서 발생하는 정보의 양이 엄청나게 증가하고, 그 정보에 쉽게 접근할 수 있게 되었습니다.

　예를 들어 페이스북이나 인스타그램과 같은 소셜미디어가 널리 사용되면서 국가 지도자들의 공식적인 의견을 밝히는 수단으로 사용되기도 합니다. 현재 여러 국가에서 소셜미디어를 통해 대중과 소통하고 있기에, 이를 분석해 상대 국가의 사회적 분위기나 여론의 동향을 미리 파악한다면 효과적인 외교 정책을 마련하는 데 도움이 될 것입니다.

　인공지능과 빅데이터 분석은 외교 정책을 결정하는 중요한 도구가 될 수 있습니다. 인공지능은 대량의 데이터를 빠르게 분석하여 유의미한 패턴이나 트렌드를 찾아내는 데 매우 유용합니다. 또한 국제정치의 복잡한 움직임을 더욱 정확하게 파악함으로써, 그에 따른 적절한 외교 전략을 세우는 데도 활용할 수 있습니다. 아울러 과거의 국제 갈등이나 협상 기록에 관한 데이터를 인공지능으로 분석해서 비슷한 상황이 발생했을 때의 결과를 예측하여, 최상의 선택을 도와줄 수도 있습니다.

블록체인 기술은 국가 간의 외교 관계에 새로운 가능성을 열어줄 수 있습니다. 블록체인 기술의 핵심 가치 중 하나는 변조할 수 없는 투명성입니다. 블록체인은 모든 거래를 공개적으로 기록하고 한 번 기록된 정보는 변경할 수 없습니다.

또한 블록체인 네트워크의 모든 참여자가 데이터 사본을 보유하고 있으므로 해킹이나 변조를 막는 데도 효과적입니다. 이러한 특성을 활용하면 국가 간의 무역 계약이나 환경 협약 등을 블록체인에 기록해서 약속한 내용을 실행하는지, 모든 국가가 실시간으로 확인할 수도 있습니다. 그렇게 되면 국제 거래의 투명성과 신뢰도가 높아져서 더욱 효과적으로 외교를 지원할 수 있을 것입니다.

그러나 기술의 발전은 다양한 문제점도 함께 가져올 수 있습니다. 국가의 정보보안이 중요해지면서 온라인 공간에서의 국가 간 대립으로 인터넷 해킹, 정보 유출, 사이버 전쟁 등과 같은 형태의 공격이 더욱 많아질 것입니다. 또한 인공지능과 로봇 기술의 발전은 국제 노동시장에도 변화를 불러오면서 새로운 갈등을 유발할 수 있습니다. 왜냐하면 어떤 국가는 인공지능과 자동화를 통해 기술 발전을 빠르게 받아들여서 경쟁력이 높아지지만, 이를 활용하지 못하는 국가에서는 일자리가 크게 줄어들 수 있기 때문입니다.

결국 4차 산업혁명 시대의 외교와 국제정치는 발전된 기술의 장점을 흡수하고 단점을 해결하는 능력이 매우 중요해질 것입니다. 따라서 이제는 외교관들도 관련 분야의 기술 지식을 갖추는 것이 필수적이며, 국제사회는 기술의 변화에 대응하기 위해 노력할 필요가 있습니다. 온라인 공간에서의 국가 간 대립, 정보보안 문제, 인공지능과 로봇 기술의 발전에 따른 일자리 변화 등 새롭게 떠오르는 사안을 다루기 위해서는 국제적인 협력과 합의를 통해 새로운 규범과 제도를 준비해야 합니다.

이처럼 기술의 발전은 외교와 국제정치에 있어서 전통적인 방식을 변화시킬 가능성이 높습니다. 외교의 본질적인 목표는 변하지 않더라도 이를 이루기 위한 수단과 방법은 매우 빠른 속도로 진화할 것이기 때문입니다. 이러한 변화가 부정적이기만 한 것은 아닙니다. 혁신적인 기술은 외교와 국제정치에 새로운 가능성을 제공하고, 그로 인해 더 나은 세계를 만드는 데 도움이 될 수 있습니다. 따라서 우리는 기술의 발전을 두려워하기보다 이를 적극적으로 수용하면서 어떻게 잘 활용할 수 있을지 고민해야 합니다.

이와 같은 첨단기술의 발전에도 불구하고, 국제정치와 외교 정책의 결정에서는 여전히 인간의 사고와 판단이 중요합니다. 인공지능은 과거의 데이터와 알고리즘에 따라 결과를 도출해 낼 뿐, 국제정치의 복잡성과 미래의 불확실성을 완벽하게 이해하거나 예측할 수 없습니다. 따라서 첨단기술을 활용한 분석 결과는 참고 자료로 활용하되, 결국 인간의 판단과 경험이 외교에서 중요한 역할을 한다는 사실을 잊어서는 안 됩니다.

국제질서의 변화와 ——
새로운 시대의 시작 ——

　　　　　　이제 우리가 사는 한반도에 집중해서
미래의 외교 전략에 대해 생각해 보겠습니다. 앞으로
우리나라가 마주하게 될 세계적인 변화의 흐름을 이해
한다면, 미래의 외교를 그려 보는 데 도움이 될 것입니
다. 오늘날 전 세계는 갈등과 대립이 심화하면서 과거
수십 년 동안 안정적으로 유지되었던 국제질서가 흔들
리고 있습니다. 미래의 외교를 이해하기 위해서는 이
러한 변화와 그 중심에 있는 대립 구도를 파악할 필요

가 있습니다. 특히 과거에서 현재로 이어지는 국제질서의 변화를 살펴보는 것은, 오늘날의 국제정치를 해석하는 데도 도움이 됩니다.

1950년대부터 1980년대까지 세계는 냉전의 대립구도 속에서 움직였습니다. 미국과 소련은 각각 자본주의와 사회주의를 대표하며 이념을 중심으로 결속된 진영을 이끌었고, 국제사회는 이 '양극체제'의 두 진영 사이에서 갈등과 협력을 반복했습니다. 두 진영은 정치·군사적 대립에만 그치지 않고 경제·사회·문화적으로도 서로 벽을 쌓고 각자의 진영 안에서만 교류했습니다. 우리나라는 한국전쟁을 겪으면서 자본주의 진영에 편입되어 사회주의 진영과는 교류가 단절된 상태를 유지했습니다.

1970년대에 들어서 미국은 중국과 관계를 개선하면서 큰 변화를 불러옵니다. 미국은 사회주의 진영의 핵심 세력 중 하나였던 중국과의 긴장을 완화하는 '데탕트 전략'을 추진하게 됩니다. 이 전략의 성공으로 중국을 소련으로부터 떼어놓는 기회를 만들었고, 미국은 소련과의 대결에 집중할 수 있었습니다. 이후 수십 년

간 미국과 중국은 협력 관계를 구축함으로써 경제성장을 지속할 수 있었습니다.

1990년대 소련의 붕괴 이후 세계는 미국에 대항할 만한 국가가 없는 '단극체제'로 전환됩니다. 이 시기는 자유무역의 활성화와 국제기구의 활동이 강화되었습니다. 세계무역기구를 중심으로 전 세계가 하나의 시장으로 연결되면서 경제적인 측면에서 국제질서가 원활하게 작동했으며, 국제연합 안전보장이사회를 비롯한 다양한 국제기구를 통해 국가 간의 이해관계를 조율하고 합의를 끌어냈습니다. 이처럼 미국이 주도하는 국제질서에 중국과 러시아도 참여하면서 국제사회의 협력은 강화되었습니다.

2010년대 이후, 중국이 빠르게 성장하면서 미국은 도전과 위협을 느꼈습니다. 특히 첨단기술 분야에서 중국은 엄청난 속도로 성장했습니다. 만약 중국의 기술력이 전 세계를 선도하게 되면, 미국이 주도했던 국제질서는 중국의 주도로 다시 쓰일 수 있습니다. 이를 막기 위해 미국은 중국에 대한 견제에 힘을 쓰기 시작했습니다. 미국은 중국을 억제하기 위해 안보 분야에서는 오커스, 쿼드, 한·미·일 안보협력 등을 통해 동맹을 강화하고, 경제 분야에서는 인도·태평양경제프레임워크를 통해 공급망을 분리하는 정책을 추진했습니다.

최근 러시아-우크라이나 전쟁으로 미국과 러시아의 관계는 악화되고, 중국과 러시아는 더욱 밀착하고 있습니다. 러시아의 중요한 물류 거점인 블라디보스토크항의 사용권을 중국이 165년 만에 다시 확보한 것은, 두 나라가 더욱 가까워지고 있음을 상징적으로 보여줍니다. 또한 중국은 러시아의 영향력 아래에 있던 중앙아시아 국가들과의 협력을 확대하면서 5G 통신망 및 고속철도 연결 등 다양한 프로젝트를 추진하고 있습니다.

과거 미국은 석유를 안정적으로 확보하기 위해 중동에서 영향력을 유지했습니다. 하지만 최근 중동의 석유를 대체할 셰일가스의 개발로 미국은 중동에서 역할을 축소했습니다. 미국의 영향력이 줄어들자, 중국이 빠르게 그 자리를 채우면서 사우디아라비아와 이란의 화해를 중재하는 등 중동 지역에서의 영향력을 확대하고 있습니다. 그뿐만 아니라 미국 중심의 달러 패권에 대응해 다른 통화로 거래하는 경우가 늘어나고, 달러를 대체하는 온라인 결제 시스템도 개발하고 있습니다.

오늘날 국제질서는 미국을 중심으로 하는 진영과 중국 및 러시아를 중심으로 하는 진영으로 나눌 수 있습니다. 양 진영의 대립은 언뜻 냉전시대와 비슷해 보이지만 생각보다 단순하지 않습니다.

예를 들어 미국이 주도하는 쿼드의 일원인 인도는 러시아와도 긴밀한 관계를 유지하며 국익을 극대화하고 있습니다. 또한 미국의 우방이었던 사우디아라비아, 아랍에미리트, 이스라엘을 비롯해 독일, 튀르키예, 브라질, 인도네시아와 같은 국가들도 영향력과 독립성을 강화하고, 미국과 중국 사이에서 균형 있는 관계를 유지하면서 자신만의 길을 가고 있습니다. 이러한 변화 속에서 중국도 여러 방면으로 파트너를 늘려가고 있습니다. 세계는 이미 여러 국가가 자신의 목소리를 높이는 '다극체제'의 시대로 전환되고 있는지도 모릅니다.

이처럼 국제질서가 급변하는 가운데 우리는 어떤 외교 전략을 준비해야 할까요? 특히 한반도의 미래를 어떻게 구상해야 우리의 국익을 확보할 수 있을까요?

유라시아와 ————
태평양을 ————
연결하는 한반도 ————

한반도는 지리적으로 대륙과 해양의 중심에 자리 잡고 있습니다. 그런 탓에 주변 국가들이 군사·경제적으로 충돌하는 공간이면서, 동시에 거대한 무역로의 중심으로서 대륙과 해양으로 진출하기 편하다는 장점도 있습니다. 즉 유라시아 대륙과 태평양을 연결하는 가능성과 잠재력도 함께 가지고 있습니다.

전 세계적으로 거대 세력이 충돌하는 지점에 있는 국가들이 있습니다. 예를 들어 유럽에서는 우크라이나와 폴란드, 동아시아에서는 한반도와 대만이 그러한 지점에 있습니다. 오늘날처럼 미국과 중국으로 진영이 나뉘어서 갈등이 심화할 때는 이러한 나라들에서 무력 충돌이 일어날 가능성이 커집니다. 각 진영의 중심이 되는 강대국이 직접 충돌하지 않더라도, 주변 국가들 사이에서 대리전쟁이 발생할 수 있기 때문입니다. 미국과 러시아의 대리전쟁 성격이 강한 러시아-우크라이나 전쟁처럼, 미국과 중국의 갈등으로 대만에서도 충돌 가능성이 커지고 있습니다.

그렇다면 이러한 지리적 특성을 가진 한반도에서 어떻게 전쟁을 방지하고, 우리의 장점으로 전환할 수 있을까요?

대륙과 해양 세력의 경쟁이라는 관점에서 벗어나면, 한반도 주변에서 발생하는 갈등과 대립을 평화와 협력의 에너지로 전환할 수 있습니다. 왜냐하면 한반도는 대륙으로 접근하기 좋고 해양으로 진출하기도 쉬워서, 유라시아와 태평양을 연결하는 '다리'가 될 수 있기 때문입니다.

한반도의 지리적 장점을 활용하려면, 우선 북한과

의 관계를 개선할 필요가 있습니다. 북한의 핵무기를 비롯해 정치적 문제에서 해결의 실마리가 보인다면, 그동안 국제사회와 교류가 단절된 북한과 먼저 지리적으로 연결할 필요가 있습니다. 한반도를 생명체에 비유해 보면 남북으로 분단된 국토를 하나로 만드는 수술을 진행하는 것과도 같습니다. 혈관과 신경망을 연결해서 남북을 잇는 생명 활동이 재개되어야 합니다. 남한과 북한의 인프라가 서로 연결되고 경제 교류가 원활히 진행된다면, 이를 바탕으로 국제사회에서도 북한에 자본을 투자하는 상황이 펼쳐질 수 있습니다.

만약 중국과 러시아만이 아니라, 미국과 일본도 함께 북한에 투자하게 된다면 어떤 변화가 일어날까요? 북한에 대한 투자가 주변 국가들의 경제적 이익으로 돌아오고 국익에도 도움이 된다면, 한반도에서 무력 충돌이나 전쟁이 일어나지 않도록 하려는 국제사회의 힘이 작용할 수 있습니다.

즉 북한이 개방을 통해 얻을 수 있는 경제적 이익을 주변 국가들과 공유하게 된다면, 한반도에서 전쟁을 억지하고 평화와 번영을 추구하는 엔진이 될 수 있을 것입니다.

앞으로 남북 관계가 개선되고 경제 교류를 통해 얻는 혜택을 한반도 안에서만 누릴 것이 아니라, 주변 국가들과 공유하는 계획을 구상할 필요가 있습니다. 이와 같은 '한반도 이익공유 시스템'을 실현할 수 있다면, 여기에 참여하는 모든 국가가 한반도의 평화와 번영을 자연스럽게 지지하게 될 것입니다.

하지만 지금과 같이 미국과 중국의 패권 경쟁이 심화하는 상황에서는, 북한에 함께 투자하고 한반도를 중심으로 평화롭게 교류하는 미래를 상상하기 어렵습니다. 그러므로 우리는 앞으로 다가올 수 있는 국제질서의 변화에 대비하면서, 미래의 외교 전략을 구상할 필요가 있습니다.

만약 미국과 중국의 두 진영이 일방적으로 국제질서를 주도하는 것이 아니라, 여러 국가가 참여하는 다극체제와 다중동맹의 영향력이 점점 커지는 시대가 펼쳐진다면 어떻게 될까요? 미래의 국제질서가 바뀌고 국가 간 외교의 양상이 변화한다면, 한반도에도 새로운 길이 열릴 수 있지 않을까요?

우리가 지금부터 어떤 외교 전략을 구상하고 미래를 준비하느냐에 따라서 한반도가 유라시아와 태평양을 연결하는 다리가 될 수 있으리라 기대해 봅니다.

우리가 주도하는 미래의 외교

한반도는 대륙과 해양의 중심에 위치하여 역사적으로 주변 강대국들의 관심을 받아왔습니다. 하지만 그동안 우리는 한반도의 가능성과 잠재력을 제대로 살리지 못하고, 한반도 주변 강대국들의 전략에 따라가며 수동적으로 대응해 왔습니다. 우리는 미국, 중국, 러시아, 일본 등 주변 국가들에 항상 주의를 기울이면서, 그들의 생각과 전략을 분석하여 피해를 최소화하는 방향을 모색해 왔습니다. 물론 이러한 수동적인 대응도 국익을 지키기 위해서는 필요합니다.

그러나 이제 한국의 국제적인 위상은 그 어느 때보다 높아졌습니다. 세계 10위의 경제 대국이자 세계 6위의 군사력을 보유한 선진국으로 부상했습니다. 그뿐만 아니라 영화, 음악, 음식, 관광 등 다양한 분야에서 경쟁력이 상승하면서 우리 문화의 영향력이 증대되고 있습니다. 이제 전 세계가 한국을 주목하고 우리의 역량을 활용하고자 합니다. 특히 미국과 중국의 경쟁으로 한국의 역할이 더욱 중요해졌으며, 두 나라 모두 우리의 역할과 의사결정을 존중하고 있습니다.

이제 우리도 한반도의 평화와 번영을 위해 수동적인 대응에서 벗어나 더 적극적으로 능동적인 전략을 수립해야 합니다. 이러한 생각은 과거에는 시도조차 할 수 없었지만, 더 이상 불가능한 꿈이나 환상이 아닙니다. 오늘날 미국이 중국을 견제하기 위해 추진하는 '인도·태평양 전략'은 원래 일본이 구상했던 것을 미국이 채택해서 발전시킨 것입니다. 우리도 선제적으로 전략을 수립하고 다른 나라를 설득할 수 있는 역량을 키워야 합니다.

우리가 국익을 위해 전략적으로 움직이고 국제적인 문제에 지혜롭게 대처한다면, 미래의 외교를 주도적으로 펼쳐나가는 것도 충분히 가능합니다. 강대국과 비교해서 우리의 힘이 부족하다면, 상대방의 힘을 전략적으로 활용하면 됩니다. 예를 들어 유도는 자신의 힘만으로 상대방을 무너뜨리는 것이 아니라, 공격하는 상대방의 힘을 잘 활용하여 승리하는 것이 중요합니다. 마찬가지로 강대국들이 서로 경쟁하고 대립하는 움직임을 잘 이해하고, 이를 활용할 수 있다면 우리의 국익을 최대화할 수 있습니다.

또한 한반도의 평화는 단순히 주변 국가들에 기대거나 호소하는 것이 아니라, 우리 자신의 실력과 노력으로 실현해야 합니다. 이를 위해서는 우리가 주도적으로 외교 전략을 구상하고, 그 전략이 강대국들의 이해관계와 맞아떨어지게 하는 것이 필요합니다. 한반도의 평화가 주변 국가들의 번영으로 연결될 수 있도록 강대국들의 이해관계와 만나는 교차점을 찾아내고, 그들을 설득하는 것이 가장 중요합니다.

한반도의 미래를 바꾸는 이러한 원대한 구상은 우

리의 힘만으로는 실현하기 어려울 수도 있습니다. 하지만 지금은 전 세계적으로 변화와 불확실성이 크게 작용하는 대전환기에 와 있습니다. 오히려 지금과 같은 시기야말로 한반도에서 새로운 전략을 시도해 볼 수 있는 좋은 기회입니다.

우리가 지금 어떠한 외교 전략을 수립하고 어떻게 추진하느냐에 따라서 한반도의 미래가 완전히 바뀔 수 있습니다. 우리가 추구하는 미래의 외교는 이러한 시대적 변화를 지혜롭게 활용하고, 국제질서의 변화를 기회로 만들어야 합니다. 이를 통해 북한과의 갈등을 해소하고 한반도의 전쟁 위기를 극복한다면, 한반도뿐만 아니라 동북아시아를 넘어 전 세계적으로 평화와 번영을 이루는 데 도움이 될 것입니다.

맺음말

지금까지 외교와 연결된 다양한 주제들에 대해서 살펴봤습니다. 책을 읽고 외교가 얼마나 중요한지 새삼 깨닫게 되지 않았나요?

예전에 어른들이 흔히 하는 말 중에 "다 먹고 살자고 하는 일이야"라는 표현이 있었습니다. 세상에서 가장 중요한 것은 먹고 사는 일이고, 그것이 해결되면 최소한의 행복이 보장될 수 있다는 뜻인 것 같습니다. 그래서 정치의 목적이 행복이고, 정치인은 국민의 행복을 위해 노력해야 합니다. 외교도 마찬가지로 국민 개인의 삶과 가깝게 연결되어 있고, 국가와 개인의 운명에 큰 영향을 끼칠 수 있습니다.

우리 한민족의 터전인 한반도는 예로부터 지금까지 대륙과 해양의 강대국들이 끊임없이 충돌하는 곳입니다. 이러한 어려움 속에서 살아남고, 경제적으로 번영하기 위해서는 탁월한 외교가 필수라고 확신합니다. 이렇게 외교는 우리에게 생명줄과도 다름없는데, 정작 일반 대중은 물론이고, 정치인들조차 국제질서에 대한 이해가 부족합니다. 다섯 명의 저자가 이 책을 집필한 가장 큰 이유입니다.

책에서도 반복적으로 다루고 있듯이, 오늘날 세계는 미국과 중국의 편 가르기가 한창입니다. 북한과 적대적인 상황에서 우리는 안보를 위해 미국과 동맹을 맺고 있지만, 동시에 경제적으로는 중국과 깊은 관계를 맺고 있습니다. 미국은 한국전쟁에서 함께 싸우고 동맹을 맺은 지 70년의 역사를 가진 가장 중요한 우방국이지만, 우리 국민이 먹고사는 일에는 중국과의 관계도 매우 중요합니다. 미국과 중국이 친하게 지내면 더할 나위 없이 좋겠지만, 요즘 양국 관계가 나빠지면서 우리의 처지가 점점 어려워지고 있습니다.

한반도는 미국과 중국의 치열한 경쟁과 맞물리면서 다시 위기로 빠져들고 있습니다. 우리가 미국과 중국을 마음대로 움직일 만큼 강하지는 않지만, 그렇다고 고래 싸움에 등 터지는 새우가 될 필요는 없습니다. 미국과 중국 사이에서 우리가 희생양이 되지 않으려면, 북한과 어떻게든지 관계를 개선하고 반드시 남북이 평화공존을 유지해야 합니다. 가까운 시일 내에 통일은 어렵더라도 무력 충돌은 막아야 합니다.

역대 대통령 중에서 외교에 가장 탁월했던 분이 김대중 대통령입니다. 국내에서는 끊임없는 오해와 부당한 피해를 보았지만, 국제 외교 무대에서는 군사독재 정권과 맞서 싸워 한국의 민주화 운동에 헌신하고, 세계 평화를 위해 노력을 아끼지 않은 공로를 인정받아 노벨평화상을 수상했습니다. 김대중 대통령이 남긴 많은 명언 중에서 '서생의 문제의식과 상인의 현실감각을 가지라'라는 표현이 있습니다. 이익을 남기려는 상인처럼 현실을 정확하게 알아야 하는 동시에, 이론가처럼 문제를 해결하는 꿈과 비전이 있어야 발전한다는 뜻입니다. 이러한 자세는 삶의 다른 영역에서도 필요하지만, 외교에서 더욱 절실하게 요구됩니다.

앞에서도 소개했지만 김대중 대통령은 "절대로

감정적으로 외교를 다루지 말라. 우리 국익이 무엇인지 생각해야 한다. 외교에 있어 중요한 것은 국익뿐이다. 이익이 맞으면 협력하고, 안 맞으면 따지고 대립하는 것이다. 친미니, 반미니, 친일이니, 반일이니 이야기할 필요가 없다"라고 강조했습니다. 이러한 국익 중심의 외교는 당시뿐만 아니라, 오늘날 한국의 선택과 전략에 대한 답을 제시한다고 생각합니다.

외교는 평화를 유지하는 가장 값싸고 안전한 수단입니다. 그리고 평화는 곧 국가의 이익이라고 볼 수 있습니다. 외교는 국가에 이익이 되고 국민의 삶을 조금 더 나은 상황으로 만들어야 할 의무가 있다고 합니다.

근대 최초로 체계적인 평화론을 구축한 네덜란드의 철학자 데시데리위스 에라스뮈스는 '아무리 정의롭지 못한 평화도 어떤 정의로운 전쟁보다 낫다'고 주장하며, '돈을 주고서라도 평화를 살 수 있다면 사야 한다'고 했습니다. 오늘날 평화학의 세계적인 대가이자 노르웨이의 사회학자인 요한 갈퉁도 안보를 통한 평화보다, 평화를 통한 안보가 훨씬 값싸고 좋다고 주장했습니다.

우리는 미국과 중국을 향해, 그리고 세계를 향해, 아주 강력하고 절실하게 평화를 외쳐야 합니다. 평화야말로 세계가 함께 사는 길이며, 우리도 사는 길입니다.

외교광장 이사장

김준형

청소년을 위한 외교광장

초판 1쇄 2024년 4월 15일

지은이 남기정, 윤은주, 김준형, 김지운, 민경태

펴낸이 김상기

펴낸곳 리마인드

출판등록 제2021-000076호(2021년 9월 27일)

주소 서울특별시 은평구 응암로14길 1-15, 801호

전화 070-8064-4518 **팩스** 0504-475-6075

이메일 remindbooks@naver.com

편집 김상기 **디자인** 나침반

인쇄·제본 명지북프린팅

ISBN 979-11-979637-6-6 43340